AF139051

1

- Der Autor -

Dieter Mindt,   Jahrgang 1954
3-facher Familienvater
in 2ter Ehe verheiratet
Kaufmann im Groß-und Außenhandel
Reallehrer Deutsch und Sport

und..

war **30 J Pilot, 27J Flugkapitän**
nie gekündigt und dennoch beschäftigt bei:

Delta Air, DBA, Air Berlin

auf den Mustern:
DO228, SAAB340, SAAB2000,
BOEING 737 300-900 Classic+New Generation
AIRBUS 319-321

Kurz und Mittelstrecke & LR (Abu Dhabi)

EXPOSÉ

Die Berufs-Biographie, Arbeitstitel: „Der Lack ist ab!" -"Pilot nein danke! Ein ex Air Berlin Captain erzählt." beschreibt aus der Sicht eines Insiders die heutige, wahre Welt des Berufs des Verkehrsflugzeugführers. Der Autor Dieter Mindt, fast auf den Tag genau 30 Jahre beschäftigt als Berufspilot in der Zivilluftfahrt, vom jungen Copilot zum erfahrenen Kapitän, spricht Klartext und räumt mit all den verklärten Vorstellungen dieses, in laienhaftem Glauben als faszinierenden Traumberuf überzeichneten „Super Jobs" auf. Vom naiven Jugend-Traum bezüglich dieses Berufes über die Ausbildung zum Verkehrsflugzeugführer mit sich anschließender Karriere, wird offen und ehrlich unter der Maxime der objektiven Wahrheit über Erlebtes, Erlittenes und den Wandel dieses Berufsumfelds als solchem, sowie des menschlich Umgangs seitens der GF im Besonderen in diesem Arbeits- und Lebensumfeld berichtet. Es werden nette, prägende und enttäuschende Erfahrungen geschildert und diverse Anekdoten und Erlebnisse mit menschlichen „Unikaten" runden das gerade gerückte Bild ab. Die gemachten Erfahrungen aus 4 Flugbetrieben (Delta Air, Crossair, DBA, und Air Berlin) und unter der Führung von 13 CEO's in 30 Jahren sprechen für sich. Das letzte Kapitel spiegelt die maßlose Enttäuschung über den menschlich völlig inakzeptablen Umgang einer Konzernführung und der involvierten Politik mit einer nahezu 10.000 Arbeitnehmer zählenden Belegschaft wider. Es ist die Beschreibung eines schäbigen Endes, welche keinen investigativen Anspruch für sich erhebt, aber zum Schluss des Buches versteht der Leser wohl, warum meine Kollegen und ich die ehemals guten Gehälter als Schmerzensgeld empfanden. Vielleicht kommt Ihnen dann der Satz vom: „Leiden auf hohem Niveau" in den Sinn, doch glauben Sie mir, das Niveau wurde bereits halbiert und die Talfahrt hat erst begonnen.

IMPRESSUM

Bibliografische Information der Deutschen
Nationalbibliothek: Die Deutsche Nationalbibliothek
verzeichnet diese Publikation in der Deutschen
Nationalbibliografie; detaillierte bibliografische Daten sind
im Internet über: dnb.d-nb.de abrufbar.

TWENTYSIX–derSelf-Publishing-Verlag
Eine Kooperation zwischen der Verlagsgruppe Random
House und BoD – Books on Demand

Herstellung und Verlag:
BoD – Books on Demand, Norderstedt

© 2017 Dieter Mindt

ISBN: 978-3-7407-4999-6

- Der Lack ist ab!-

Pilot nein danke! Ein ex Air Berlin Captain erzählt.

Und plötzlich ist alles vorbei. 63 Jahre und arbeitslos, sang und klanglos kalt gestellt.

Es gibt keine Air Berlin mehr!

Keine Flugzeuge mehr im Bauch! Doch hat es sie je gegeben?

Die Zeit ist gekommen mit den völlig falschen Vorstellungen über den Nimbus der Luftfahrt aufzuräumen...

...

Aus der Fassungslosigkeit über die ehemals aktuelle Situation, welche in ihrer Bedrohlichkeit wahr genommen und dennoch von der Ratio verdrängt über Jahre abzeichnete, möchte ich in Form dieses Gedächtnisprotokolls meiner Fliegerkarriere mein Leben wieder haben. Hiermit schildere ich aus der Sicht eines Piloten die persönlich empfundene Wahrheit eines Traumberufes wie er in der Öffentlichkeit oft bezeichnet wird und dessen alptraumhafter alltäglichen Wahrheit.

Ich widme dieses Buch meiner Familie, meiner Frau Stephanie sowie meinen großen Kindern Sebastian und Féline und unserem Nachzügler Vincent, deren Leben auch durch und von meinem Berufsbild gefördert sowie nachhaltig beeinträchtigt wurde. Kollegen und Weggefährten werde ich anonym zitieren, Die wenigen Geschäftsführer und vielen CEO´s sind öffentliche Personen und namentlich jedermann zugänglich.

Ich werde mich erinnern an Gute Zeiten, Schlechte Zeiten, interessante Typen, Tage und Situationen voller Stress, entspannte Tage voller Genuss und werde dennoch über die Reflexion von 30 Jahren Pilotenberuf versuchen, objektiv aufzuzeigen, dass in der Luftfahrt eine Wandlung vom Beruf aus Leidenschaft zum Job aus Notwendigkeit stattgefunden hat. Ich hoffe damit den Faszinierten unter der Leserschaft mit Ambitionen in diesem Berufsfeld auch die wenig reizvollen Tatsachen diesbezüglich nahe zu bringen.

Wie alles begann!

Ich erinnere mich noch an jenen Morgen als ich, in Herrenberg wohnhaft mit meiner ersten Frau, früh morgens aus dem Fenster über eine graue Wendeplatte hinweg zum Schönbuch blickte und mir vorstellte, wie es sein müsse, das Leben eines Berufspilots führen zu können.

Ich war damals 22 Jahre, hatte nach dem Abitur eine Lehre als Kaufmann im Groß & Außenhandel begonnen, und war dennoch auf der Suche nach dem Job meines Lebens, da ich im vorgenannten Berufsbild keine Erfüllung finden konnte.

Die Bundeswehrzeit als Wehrpflichtiger lag hinter mir und in Erinnerung eines der größten Erlebnisse meiner Kindheit wurde der Wunsch, Berufspilot zu werden in mir immer drängender.

Ein Schlüsselerlebnis in meiner Kindheit war mit meinem Vater gemeinsam im Urlaub am Bodensee auf einem Campingplatz bei Litzelstetten (Konstanz) zu zelten. Eines Tages schlug mein Vater vor, ich war vielleicht 7 Jahre alt, "Wir könnten doch heute mal als Höhepunkt des Urlaubs einen Rundflug über den Bodensee machen". Ich hatte keinerlei Ahnung was da auf mich zukommen sollte, freute mich aber wie nur Kinder es können über das Abenteuer was mir mein Vater bereiten sollte. Gesagt getan machten wir uns auf zum Flugfeld Konstanz auf dem viele Jahre später (2010) Peter H. ein absolut flugbegeisterter Kapitänskollege B737 und guter Bekannter aus langen Berufsjahren, der als privates Highlight und aus Passion sogar einen MIG-Flug absolviert hatte, dort bei einem simplen Schulflug mit dem Schüler in die Bäume fliegen, abstürzen und in der Maschine verbrennen sollte. Lust und Leid sind in dieser Dimension der Fortbewegung bei technischen und oder menschlichen Problemen eher dramatisch miteinander verknüpft als in anderen Lebensbereichen, sind im Moment eines größeren Problems doch alle Entscheidungen zeitkritisch und oftmals irreversibel final.

Doch zurück in meine weitere Vergangenheit der Kindheit. Was Emotionen von damals betrifft, so erinnere ich mich besonders noch daran, dass wir am Flugplatz Konstanz im Tower eine kleine Wendeltreppe mit Metallstufen nach oben erklimmen mussten, um dort die Informationen zum Angebot und zur Abwicklung des Rundfluges zu erhalten. Alles was ich empfand war Angst vor dem unbekannt Neuen, was da auf mich zukommen sollte und ich wünschte mich zurück in unser kleines Zelt am See. Die Dinge nahmen aber letztendlich unter beschwichtigenden Formeln seitens der Erwachsenen ihren Lauf. Der Routineflug war schnell vorbereitet und einzig, woran ich mich noch entsinne, ist die empfundene, schiere Angst als ich in der Cessna meinen Platz hinter dem Piloten einnehmen hatte dürfen müssen. Wir rollten , oder besser gesagt, hoppelten schließlich zum Bahnende und alles lief wie in einem Film für mich ab und im Innern mochte ich nicht wahr haben, was tatsächlich stattfand. Eigentlich wollte ich nur noch raus. Dann gab der Pilot Gas das Flugzeug bewegte sich und war nach kurzer Rollstrecke in der Luft, und mit jeder Sekunde wurde die Welt um mich herum kleiner. Ich schaute erstaunt und gleichzeitig fasziniert aus dem Fenster, entspannte mich langsam und genoss zunehmend die ruhigen Flugbedingungen, die herrliche Aussicht, die sonst nur den Vögeln vorbehalten war und jegliche Angst war mit einem Mal verschwunden, als hätte es sie nie gegeben und in mir wurde in diesen 20 Minuten Rundflug die Leidenschaft gesät, diese Kunst des Fliegens selbst zu beherrschen. Sie werden von jedem Piloten ähnliches hören. Es ist wie eine Art Impfung, allerdings nicht zum Schutz Ihres seelischen Immunsystems, sondern mit einem Virus einer legalen Sucht, der Sucht des Fliegens mit all ihren Freiheiten. Übrigens einer der größten Irrtümer, denen man über diese Branche unterliegt.

Fliegerische Freiheit in den Grenzen der Leistungsfähigkeit seines Flugzeugs hat einzig der Kunstflieger im zivilen, nichtmilitärischen Bereich.

Der Berufspilot hat die Freiheit im Rahmen enger Vorschriften einen sicheren Flug durchzuführen. Ich stand also an jenem grauen Morgen mit all diesen Erinnerungen und Träumen über eine Karriere in der Fliegerei am Fenster unseres Wohnzimmers, stellte mir eine heile Welt in fliegerischer Erfüllung, sozialer Wertschätzung und dem Wohlstand als Kapitän eines Verkehrsflugzeuges vor. Unterwegs auf der Welt, andere Länder und Flugplätze kennenzulernen, gutes Geld zu verdienen und einen Beruf ausüben zu können der Ansehen und Befriedigung verschaffen sollte. Welche Möglichkeiten gab es zu dieser Zeit 1975? In einer Informationsbroschüre für Berufsmöglichkeiten für Schulabgänger las ich die Informationen zum Ausbildungsberuf Pilot. Es gab dort nur den Hinweis sich bei der Lufthansa bewerben zu können. Um es kurz zu machen: Gesagt getan und wegen meines relativ bescheidenen Abiturdurchschnittes bereits wohl schon nach Sichtung der Unterlagen nach der Vorauswahl die Ablehnung.

Nicht einmal zum Vorstellungsgespräch wurde ich eingeladen. Das Ende aller Luftfahrtträume war gekommen. ....

Anm.:

Grotesk daran und Ironie des Schicksals, dass eben durch dieses Unternehmen Lufthansa, das auch in seiner Geschichte tragische Unfälle verkraften musste, nach dem „Kapern" der Air Berlin, die keinen einzigen Unfall mit Menschenverlusten während deren ganzen operativen Flugpräsenz zu beklagen hatte, nach 30 Pilotenjahren meine und unzählige andere

Karrieren von Cockpit und Kabinenmitarbeitern sowie Bodenbediensteten unter erniedrigenden Bedingungen abrupt beendet wurden bzw. Lebensplanungen vieler, auch wirtschaftliche Existenzen junger Familien, in „rotzig" würdeverletzender Weise zum Wohle von Shareholderinteressen,, geopfert" wurden. Dies alles unter aktiver Mithilfe der Politik wobei in rührenden Pressekonferenzen seitens des LH-Managements eine rigorose Übernahme fast schon als soziale Charity verkauft wird. Was mich dabei immer wieder empört ist der Fakt, das völlig krude und menschenverachtend skrupellos handelnde Manager zumeist Ehegattinnen haben, die sich sozial engagiert medienwirksam in Szene setzen. Dies frei dem Motto: Egal wie rücksichtslos der Gatte sich verhält tu ich Gutes und rede darüber. Hier geht es vermutet wohl nicht um Sein sondern um öffentlichen Schein!

Die Mottoshow dabei ist 2stelligen Gewinn für den Konzern zu erzwingen und sich für ein paar % artig erbeteter Spenden öffentlich und im Kreise Gleichgesinnter feiern zu lassen. Es geht dabei nicht um Charity, was in Reinform eine tolle Sache ist, es geht dabei um Authentizität im Handeln und um Wahrhaftigkeit allen Mitmenschen gegenüber. Niemand erwähnt übrigens in der Erfolgsbesoffenheit des Heute den Beginn der LH als Staatscarrier von einst mit schuldenfreier Flottenmitgift, Infrastruktur und AG Kapitalisierung. Der eine beginnt im Harnisch vom hohen Ross, der andere geht zu Fuß im Hemd in den 39 jährigen Krieg! Allein dem Sieger fehlt Größe und die gelebte Demut zur Gnade der Wohlgeburt, um ihm ein „Chapeau" zuzurufen.

Aber das ist eine andere Geschichte

…...

In Absprache mit meiner Frau entschied ich mich also für ein Studium des Lehramtes Realschule in den Fächern Deutsch und Sport. Ich habe dieses Studium absolviert und begann während des Studiums mit dem Gleitschirmfliegen, dem sich das Segelfliegen anschloss, auch eine Art des Fliegens in dem ich zum erstem Mal feststellen musste wie wenig Gold in Vereinen glänzt. Wie bereits erwähnt studierte ich und da ich meinen Abschluss in der Minimum Regelzeit zu absolvieren gedachte, verfügte ich über ein bescheidenes Freizeitkonto. Am Wochenende war ich früh vor Ort, um die Segelflugzeuge aus der Halle zu schieben und vorzubereiten, um dann erfahren zu müssen, dass man gewissermaßen indirekt Flugzeit bezogen „gemobbt" wird, indem Sinne, dass man in einem halben Jahr solcherlei Aktivität gerade einmal 1,5 Stunden Flugzeit loggen durfte, dass heißt 1-2 Platzrunden am Wochenende waren drin. Wie ich später erfuhr war der Grund für diese „gewährte" geringe Flugzeit das seitens der Vereinsaltvorderen unterstellte mangelhafte Engagement meinerseits, was das Einräumen der Fluggeräte am Ende des Tages betraf. Der Aufwand, den man zu beginn des Tages getrieben hatte, wo zumeist nur ein paar wenige Frühaufsteher den Flugpark herrichteten, konnte man quasi nicht mit dem Aufwand nach vollzogenen Flugbetrieb kompensieren. Also wurde man indirekt mit Flugzeitentzug bestraft. An dieser Stelle möchte ich dem Leser den Hinweis geben das „Indirekt" einen großen Bestandteil des Umgangs mit Mitarbeitern in dieser Branche ausmacht.

Doch das ist eine andere Geschichte....

Ich war frustriert, verließ den Verein, um in einer kommerziellen Schule, der Alpensegelflugschule Unterwössen meinen Segelflugschein zu erwerben. Ich hatte dafür 14 Tage an Ostern eingeplant, schaffte aber Wetterbedingt knapp die Alleinflüge nicht. Es nervte gewaltig und ich entschied mich die -„helferfrei" da eigenstartfähig-, Fluglizenz für Motorsegler an der Hahnweide bei Stuttgart zu erwerben. Das klappte auch zeitnah und einwandfrei und ich entschloss mich die Motorfluglizenz bei der gleichen Flugschule anzuhängen, konnte man doch mit der derselben mit 4 Personen den Rausch das Fliegens genießen. Ein typisches Erlebnis aus der Zeit des Erwerbs des PPL ist mir allerdings noch in Erinnerung geblieben. Ein Alleinflug, ein Dreiecksflug von der Hahnweide über Irgendwo nach Heubach. Ich hatte mich gut vorbereitet war aber fehlerhaft einer falschen Eisenbahnlinie gefolgt und lies mir, wie gelernt, von Heubach eine Peilung zum Platz (QDM) geben, wobei ich nicht unerwähnt lassen möchte, dass die Situation eine gewisse Erregtheit meinerseits mit sich brachte. Ich folgte also dem QDM, das mich genau auf einen Sendemasten zuführte, den ich weiträumig umflog. Ich lies mich erneut einpeilen und wurde von einem „pädagogisch" wohl sehr erfahrenen Flugplatzlotsen zusammengeschissen über Funk ,da er gemerkt hatte, dass ich gegenüber der ersten erbetenen Peilung meine Position zum Platz geändert hatte, mit den Worten „Wenn Sie nicht fliegen was ich Ihnen sage, erhalten Sie keinerlei Information mehr!" Dieses Verhalten von Stammtisch Helden und Anweisungsverliebten „Göttern" in der Klein- Luftfahrt ist kein Einzelfall. Ein Profikontroller hätte ohne Kommentar die zweite Peilung mitgeteilt und sogar auf Geländebesonderheiten aufmerksam gemacht, die er im Umkreis von 10km um seinen Platz doch wohl kennen sollte.

Aber das ist eine andere Geschichte...

Wie der geschätzte Leser sieht habe ich damals Heubach erreicht und bis heute, wo dieses Buch entsteht, ziemlich genau 20.000 Stunden Berufsluftfahrt absolviert und nahezu 1.35 Millionen Passagiere sicher von A nach B manchmal auch C ohne Zwischenfälle gebracht. Dafür musste ich 10 Millionen vierhundert siebzigtausend Kilometer (10.470.000) oder 283mal um die Erde fliegen oder 12,5 mal zum Mond und zurück. Ich habe dabei 30.300 Tonnen Treibstoff verbraucht was einem ökologischen Äquivalent von 3,3 Liter pro Passagier auf 100km Flugstrecke entspricht.

Aber das ist eine andere Geschichte.

Nach abgeschlossenen Studium, ich war in mehreren Schulen und in der Abendrealschule tätig, hatte den PPL wie bereits erwähnt, in der Tasche und erfuhr erstmalig von der Möglichkeit, auch außerhalb des ehemaligen Staatsmonopolisten, auf privater Basis Verkehrsluftfahrzeugführer, kurz Berufspilot werden zu können. Ich entschied mich für die FTC-Flugschule in Worms mit Gröger als Theorie-Fernlehrgang. Diese Entscheidung verlangte von mir meinen Status als Beamter auf Widerruf mit Durchschnitt 1,8 auf der Warteliste „gelandet" und bis zur Anstellung mit vermuteter 3 jähriger Wartezeit, aufzugeben. Im Gegenzug erhielt ich seitens des Arbeitsamtes Frankfurt einen gewissen Förderbeitrag für die Berufspiloten Ausbildung, da der damalige Markt eine sofortige Vollanstellung versprach. Bedingung dafür war jedoch, dass ich alle Voraussetzungen meinerseits zu schaffen hätte, so dass das Arbeitsamt nur noch die Kosten für das Crew Coordination Concept (CCC) in Folge zu tragen hätte. Ich hatte diese Bedingungen erfüllt war nach dem PPL alsdann zum erfliegen der 100 Stunden welche anschließend Voraussetzung waren, um die Berufspiloten Ausbildung beginnen zu dürfen, in den USA gewesen. Ein Charterpreis von 27 Dollar inkl. Sprit (Kurs ca. 1,80Mark/$) pro Stunde gegenüber 135 Mark in Deutschland, bei täglicher wetterbedingter Flugmöglichkeit gaben den Ausschlag für die USA. Also den deutschen PPL validiert in Frankfurt und los ging es. Ich hatte über einen Deutschen Vermittler bei Burnside-Ott in Miami die 100 Std Flugzeit in 16 Tagen geplant von Deutschland aus gebucht. Da man mir dort allerdings noch einmal einen Groundcourse mit Checkflug vorschrieb und ich das Ziel die 100 Stunden in der vorhandenen Zeit fliegen zu können, in weite Ferne zu rücken sah, setzte ich mich unverzüglich mit einem Flugschülerkollegen in Verbindung den der Deutsche Vermittler mir vor Abflug genannt hatte und mit dem ich ohnehin zusammen hätte fliegen sollen.

14

Augenzwinkernd wurde mir damals vorgeschlagen man könne ja zusammen 2x50 Stunden fliegen. In der Verkehrsluftfahrt schrieben ja auch beide Piloten die volle Blockzeit auf. Das war für mich allerdings keine Option und ich fühlte mich ziemlich unter Druck nach den anfänglichen Verzögerungen innerhalb der letzten verbleibenden 14 Tage Florida meine 100 Stunden fliegen zu können. Der österreichische Flugschülerkollege hatte ebenfalls Burnside-Ott verlassen und war nordöstlich bei Vero Beach bei einer kleinen Flugschule namens ScanAM untergekommen. Der Besitzer war Flight Engineer bei American Airlines und mit einer Skandinavierin verheiratet. Daher der Name. Ich vereinbarte mit Ihm völlig zwanglos die Miete von Cessna 150 und 172 nach Verfügbarkeit für mein Vorhaben. Es war ein kleiner Sprühflieger Flugplatz unweit der Küste und während mein Kollege zwischenzeitlich die Amerikanischen Lizenzen auch für Multi - Engine (mehr - motorig) erwarb, flog ich nur meine 100 geforderten Flugstunden nach der PPL (Privat Piloten Lizenz). Dies gestaltete sich so, dass ich morgens früh nach dem Frühstück mit der gecharterten Cessna 150/172 täglich 7 Stunden über Florida in der Luft auf dem Weg zu kleineren Plätzen verbrachte, große Verkehrsflughäfen mied und meist nur zum Tanken landete. Abends dann Hamburger im Highway Rasthof, schlafen und morgens wieder Fliegen. Ein Vorgeschmack auf die lukullischen Seiten des Berufsbildes war morgendlich an der Motel Rezeption das kostenlose Frühstück von drei Donuts und Kaffee aus dem Styropor Becher. Nichtsdestotrotz verbinde ich schöne Erinnerungen an die Freiheit des Fliegens in USA. Zurück in Deutschland begann dann zunächst das Lernen der Theorie im Selbststudium. Ergänzt von Seminaren vor Ort in Worms mit praktischer Flugausbildung zu der ich mich des öfteren vergeblich mangels Information aufmachte, wurde kurzfristig ein Flieger „dringend" anderweitig genutzt. Mobiltelefone waren zum damaligen Zeitpunkt schwer, groß, und unerschwinglich. Damit sich der Leser unter der Theorie mittels Fernlehrgang etwas vorstellen kann, hier eine kurze Beschreibung: Man bekam im Verlauf eines Jahres Lehrbriefe über 12 Lernbereiche von Luftrecht über Navigation, Meteorologie, Flugzeugkunde, Triebwerkskunde, Funknavigation etc. pp gedruckt auf drittklassigen Hektografien (das waren die nach Lösungsmittel stinkenden, verwaschenen Vielfachausdrucke, die man auf einer Kopiertrommel erstellt hatte) die man Zuhause zu bearbeiten hatte und mittels Frage und Antwortbogen zur Korrektur an Gröger Fernlehrgang zu übersenden hatte. Gegen Ende hatte man eine Bibliothek von 12 blauen, prall gefüllten Ordnern mit vom praktischen Wert her zweifelhaften Wissen angehäuft. Zum „Wissen" gehörten z.B. Navigationsverfahren aus den Zeiten Kolumbus (Loran C) etc. pp und Kenntnisse über den Bau eines Flugzeuges, die mich vermuten ließen eher ein Flugzeug konstruieren, als damit fliegerisch umzugehen zu können. Ich habe in meinem späteren Berufsleben kein einziges mal die Situation erlebt, dass mir die Gleichungen der Thermodynamik in irgendeiner Form beim Abfordern von Leistung des Triebwerks hilfreich erschienen sind.

Aber das ist eine andere Geschichte.

Der Weg zum Passagierflugzeug

Bis hierher hatte ich noch meine elitären Vorstellungen von der Luftfahrt, die sich allerdings in vielerlei Hinsicht relativierten. Nach vollzogener Prüfung vor dem LBA (Luftfahrt Bundesamt) gegenüber dem sich das Abitur wie eine Klassenarbeit anfühlte, mit 12 Fächern in 3 Tagen, schloss sich als dann nach mehr mehrmonatiger Prüfungsvorbereitung der Kreis der Ausbildung. Nicht unerwähnt lassen möchte ich schon jetzt, dass im Rahmen dieser Ausbildung Vor-Ort-Zeiträume und Seminare immensen Fahraufwand und Nächtigen in billigsten Unterkünften mit sich brachte, um Kosten der Ausbildung und des Familienleben zur Realisierung des Traumes in Einklang zu bringen. In diesen Phasen zehrte man von den Hoffnungen und Verlockungen der Zukunft. Man lernte schon jetzt, dass es Unterschiede gab zwischen hauptberuflich wohlhabenden Söhnen und Töchtern mit freiem Geist beim Lauf über die Hürden der Ausbildung und dem Teil zukünftiger Flugzeugführer die zusätzlich noch jedwede pekuniäre Last zu schultern hatten. Dennoch habe ich in dieser Phase sehr nette und auch spätere Kollegen/Innen kennengelernt, wie auch den selbstverliebten, neuestes Edel-Cabriolet fahrenden Bilderbuch-Repräsentanten dieses Berufsbildes. Außerhalb des Betriebes der Kranich Airline findet sich in der zivilen Luftfahrt eigentlich ein sehr viel breiteres vielfach im Leben erfahreneres Spektrum von weitläufig „multipotenten" als auch sehr „skurrilen" Persönlichkeiten.

Aber das ist eine andere Geschichte.

Um die Lizenz eines Verkehrsflugzeugführers abzuschließen schrieb der damalige Gesetzgeber das CCC (Crew Coordination Concept) vor. Dies konnte man privat eigentlich ausschließlich in Essen bei der Firma Käufer absolvieren. Der Theorie folgte eine kurze Einweisung auf den Caravelle MockUp (Fixed Base Simulator) mit folgender

Anekdote:

Der damalige Chef der Flugschule Käufer wies mich an, auf dem Co-Piloten Sitz Platz zu nehmen und mir den Seat einzustellen. Als Novize dieser Aufgabe löste ich unbedarft den Verstellhebel und rasselte anders als bei Bürostühlen üblich in die bodennahe Endstellung, worauf sich Käufer Senior lautstark artikulierte" Herr Mindt machen Sie mir nicht diesen Stuhl kaputt, der kostet soviel wie ein Golf!" Dies passte völlig ins Bild der zuvor erhaltenen Einweisung der 11.000 Mark zu zahlenden CCC Delinquenten im Schulungsraum, doch keine Kaffeeränder auf den Schultischen zu verursachen, da alles Neu und teuer gewesen sei. Hier hatte ich es mit der zweiten Persönlichkeit in Richtung Umgangsformen fliegerischer Professionalität zu tun, die mich etwas verwundert zurückließ. Bis dahin von besonderen Umgangsformen ausgezeichnet ist mir Herr W. (ehemaliger Bundeswehr Offizier) in Erinnerung, der sich im Umgang mit Schülern an der Flugschule in Worms durch cholerische Ausfälle auszeichnete. Als Mitflieger auf einem Schulflug nach Stuttgart schrie er den leicht verzögert reagierenden Flugkommilitonen an mit den Worten „Tuuun Sie sofort was der Controller sagt! Sonst bekommen wir ein Ticket!!!" Ich habe relativ früh diesbezüglich für mich analysiert, dass dieser Fluglehrer der mit Wintermütze und Kampfjet-Handschuhen sowie Knobelbechern zu Schulflügen erschien, wohl seine Zeit bei der Bundeswehr nie hinter sich gelassen hatte. Interessanterweise blieb mir eine Situation in Erinnerung wo er sich über das mangelnde Können von Flugschülern im Fixed Base MockUp zum Training von Navigationsanflügen in der Form herablassend lustig machte, dass er fabulierte während der Vorführung seiner Fähigkeiten: "Ich weiß gar nicht, was daran so schwer sein sollte, diese Dinge zu beherrschen" wobei er allerdings sich die Freiheit nahm, spickend seinen Blick von den sich vor ihm befindenden Instrumenten zu lösen und bei geöffneter Seitenklappe mit dadurch einsehbarer externen Fluglehrer 2D-Anzeige des Kontroll-Monitors für den Flugweg außerhalb des MockUp´s abzustimmen, was den Schülern nicht zugestanden wurde und was eine sofortige Korrektur von gemachten Fehlern auf einfachste Art ermöglichte. Ich hatte das Gefühl das hier mangelndes Selbstwertgefühl nach der Maßgabe Wasser predigen und selbst Wein saufen kompensiert werden sollte.

Aber das ist eine andere Geschichte.

Anekdote:

Ein Schülerkollege aus Österreich, meines Wissens nach später bei Lauda Air untergekommen, ein humoriger und netter Mensch, wusste über eine Flugüberprüfung in Österreich folgendes zu erzählen: Der Schüler der überprüft wurde und dessen Leistung mittels eines Tisch-Plotters dokumentiert wurde, war in einer Situation in völlige Handlungsstarre versunken, worauf ihm der prüfende Geheimrat in breitem langsam gesprochenen österreichischen Dialekt folgendes mitteilte: Nuu won´s net boald woas mochen follt´s wagerl fom disch" womit freundschaftlich gemeint war: „Flöge der Schüler nicht jetzt eine Kurve würde der Zeichentischplotter das Ende erreichen und über den Rand hinausfallen."

Anm:

Die Ausbildung war stets ein Wechsel von Highlights und Lerndruck, von Genuss und Strapaze. Zudem muss in dieser Gesellschaft aus Maulheldentum, Professionalität, Ehrlichkeit und Selbstüberschätzung, Erfahrung und selbstkritischer Voraussicht menschlicher Größe und kleinkarierter Krümelkackerei, Intrigen und Aufrichtigkeit und schmeichelnder Heuchelei die eigene Rolle erst gefunden werden um einen für sich selbst gangbaren Weg zu beschreiten. Ich habe während meiner Karriere stets mich selbst und Entscheidungen mehrfach hinterfragt, ohne Scham revidiert, gemeinsam neu entschieden. Genauso oft habe ich aber auch erlebt, dass coole Jungs bei sich rasch ändernden Parametern auch schon mal trotz demonstrierter Souveränität in den Overflow kamen. Im späteren Berufsleben führt das als PIC (Pilot In Command) zu oftmals restriktivem

Verhalten aus Erfahrung. anders ausgedrückt: Was lässt man zu, was nicht. Airbus fordert ein, so viel Automatisierung wie möglich, einzusetzen. Raw Data, (Basisdaten-) und manuelles Fliegen wird zu Trainingszwecken (der Automat kann ja auch mal versagen) regelmäßig trainiert. Und dann haben sie als PM (Pilot Monitoring/Überwachungspilot)) das Event (Ereignis), dass bei sehr turbulentem Anflug ein sehr erfahrener Kollege manuell anfliegt, die Speed (Geschwindigkeit) in Turbulenzen rasch sich dem unteren Limit nährt, der Kollege aber nicht auf ihren call speed reagiert bzw. zu langsam bis der Automat „SPEED" „SPEED" warnt, sie waren kurz vor dem „I have Control"zu commanden, als der Kollege sich wieder vor das Flugzeug fliegt. Oder Anflüge ohne Besonderheiten bis auf einen Trend in Richtung Grenze eines einzuhaltenden Parameters und auf die Anweisung „Check …..!" (eine Aufmerksamkeit- und ggf. Handlungsanweisung) kommt als Antwort …..checked, correcting aber es wird dennoch nichts korrigiert? Danach legte ich Wert im Briefing anzumerken, den AT Autothrust (Automatischen Schub) auf ON zu lassen. (Keine Angst, auch off ist er nicht gänzlich ohne Funktion) Warum? Weil ich der frustrierten Coolness auch erfahrenster FO´s nicht mehr traute. Reich an Erfahrung, routiniert overproficent (über professionell) und gleichzeitig frustriert, wie geht das, bzw. warum ist genau das eine Konsequenz? Indem Versprechen zur Karriere Jahrelang gebrochen werden und indem trotz allem Einsatz der Leute der Karren im Dreck steckt, aber ein CEO nach dem anderen Millionen an Gage für ein einfallsloses Motivationstheater kassiert, in dem dämliche Motti als der Große Wurf zum Erfolg verbreitet werden: „Shape and Size" (Deutsche BA Carl Michael), „Turbine 13" (AB Prock Schauer), mein Vorschlag „Dünn und Pfiff 2017"

Aber das ist eine andere Geschichte

Um zurückzukommen zum Abschluss der Ausbildung und der dazu erforderlichen CCC (Crew Coordination Concept)-Ausbildung sollte nicht unerwähnt bleiben, dass dieser in Kopenhagen stattfindende Lehrgang auf einem Full Flight Simulator Caravelle stattfand, einem uralt Jet, dessen Cockpit-Flair mit Absperrhahn-Hydraulik eher einem U-Boot zuzuordnen gewesen wäre oder dessen Instrumentierung einem Uhren-Fachgeschäft alle Ehre gemacht hätte. Zu diesem Zeitpunkt wussten wir allerdings noch nicht, dass alleine die vielen Instrumente und die Speed eines Jets im Fluge, neben den zusätzlichen Notverfahren und der abzuarbeitenden Checklisten den Prozess, sich vor bzw. ahead des Flugzeuges zu arbeiten zum Abenteuer für zwei Neuanfänger werden würde, was spürbar Herablassung seitens mancher Trainer ob eigener empfundener Überlegenheit aus Erfahrungsroutine aufkommen lassen sollte. Nachdem wir also artig unseren für die Skandinavier seitens des Besitzers der Flugschule wärmstens empfohlenen Obolus in Form einiger Flaschen Hochprozentigem mitgenommen und an eben diesen Herrn K aus Essen abgeliefert hatten, den er dann wohlwollend an die Simulatortrainer weiterreichte, was ihm vermutlich die vergleichbare prozentuale Kostenreduzierung bei der eigenen Simulator-Rechnung einbrachte, begann das Partnerkonzept-Training. Um meine Kosten zu senken übernachtete ich zum damaligen Zeitpunkt in Meeresnähe in meinem selbst ausgebauten VW-Bus und gönnte mir in der Nacht vor der Prüfung erstmalig ein Hotel. Von Erholung jedoch keine Spur, ich hätte mir das Geld sparen gekonnt.

„Dieses war der erste Streich und der Zweite folgt sogleich".

Ich hatte nunmehr in meinem 33jährigen Leben drei Berufe und eine Menge an Wissen angehäuft, allerdings mit wenig Erfahrung und wenig Praxis. Dennoch haben sich bereits früh schon Spuren ins Gedächtnis eingegraben, die an bestimmte Namen von Kommilitonen oder Lehrer gekoppelt sind, die mich entweder menschlich beeindruckt haben, denen ich freundschaftlich verbunden war oder bin oder die mich ob ihrer Skurrilität mit einer Menge Fragezeichen im Kopf versorgt haben. Um keine Urheberrechte oder datenschutzrechtlich relevanten Informationen zu geben, werde ich alle Personen ausschließlich mit Vorname und abgekürzten Nachnamen im weiteren Verlauf meiner Beschreibungen benennen. Zum gegebenen Zeitpunkt meiner Retrospektive waren Personen die mich nachhaltig beeindruckten (-)Fluglehrer W. von der FTC Worms, (+)Sepp G. aus Österreich, (+)Hannes K. aus Friedrichshafen der leider bei einem Testflug eines Kleinflugzeuges ums Lebens gekommen ist sowie (+)Volkmar B. ein Lehrer Theorie FTC, ehemaliger Purser bei Lufthansa, der bei Delta Air / DBA / Air Berlin als Kapitäns Kollege im Cockpit flog.

Anekdote: ... die Erste!

Volkmar B. Aufenthalt seiner damaligen LH (Lufthansa) Crew hinter dem eisernen Vorhang, ich meinte es war Moskau. Nach Umtrunk auf dem Hotelzimmer (es handelte sich noch um die guten alten Zeiten) wurde etwas alkoholbeschwingt fabuliert, ob man wohl als West Crew abgehört werde. Man begann das Zimmer nach versteckten Abhöreinrichtungen zu untersuchen und fand tatsächlich unter dem Teppich eine verschraubte Metallplatte im Boden. Der Flugingenieur nutzte sofort sein kleines Werkzeugset, um die Platte zu entfernen worauf sich unterhalb des Zimmers ein enormer Knall vernehmen ließ. Die vermeintliche Abhöreinrichtung hatte sich als Befestigung eines Leuchters im darunterliegenden Raum entpuppt. Der Fall wurde den Hotelangestellten gegenüber mit völliger Ahnungslosigkeit und Unkenntnis seitens der Crew. gelöst

Anekdote: ....die Zweite!

Aufenthalt in der Karibik. Kleine Feier in einem der Hotelzimmer oberhalb des Pools und in Ermangelung von genügend Sitzgelegenheiten holte man aus dem Poolbereich ein paar Stühle, schaffte diese aufs Zimmer und kam auf die glorreiche Idee sich den Weg mit den Stühlen zurück zu sparen, indem man sie am Ende der Feier doch wieder von oben in den Pool werfen könne. Was man auch tat. Wenn Volkmar mit grinsender Miene zum Ende der Geschichte kam, als man Morgens bei Buffet eintreffend einen Angestellten des Hotels Glasscherben des Vordaches zusammenfegen sah, konnte man sich vorstellen wie schamhaft die Crew Ihr alkoholbedingt mangelndes Zielvermögen vom Vorabend zur Kenntnis nehmen musste.

Ready-for-Departure

Ich stand nun in den Startlöchern für einen Beruf, der neben der euphorischen Leidenschaft die ich Eingangs erwähnte für eine totale Ambivalenz von Gefühlen sorgen sollte. Dem ersten Flug mit meinem Vater, ein einschneidendes Hoch-Erlebnis und der Grundstein all meines fliegerischen Ehrgeizes standen weitere ebensolche Erfahrungen aber auch unerfüllte Ansprüche und Enttäuschungen gegenüber.

Da war z.b. dieser Nervenkitzel wenn man mit dem Segelflugzeug in der Startposition stand, wann es denn losginge, welche Reaktionen beim Seilriss erforderlich sein sollten, ob der Lehrer mit einem zufrieden sein würde etc. pp. Was sich dann auflöste im Moment wenn man die Beschleunigung spürte, den Steuerknüppel zog und plötzlich wahrnahm: man flog. Die Welt wurde klein um einen und man genoss die Vogelperspektive mit all ihren Freiheiten in drei Dimensionen und dem gleichzeitigen Druck fehlerfrei oder mit nur kleinsten Fehlern eine Leistung zu erbringen. Im Grunde genommen bewegte man sich in einer unbewussten Mitte aus erlebter Vergangenheit in der Planungsphase naher Zukunft. Man konnte sich auf die Routine des Fluglehrers verlassen und aus dieser Sicherheit heraus schon früh im Jetzt mit der Planung des Anfluges beginnen. Dem gegenüber konnte man zeitgleich noch seine Gier nach dem Genuss des vogelfreien Seins stillen. Ich halte das Fliegen für die einzige Tätigkeit im Berufsleben die neben unerhörten Naturerlebnissen die Möglichkeit bietet in einem System aus Präzision und Emotion zugleich Stress und Befriedigung zu erzeugen. In keinem Beruf erhält man direkt nach Beendigung einer anspruchsvollen Leistung die Bestätigung vollendeter Perfektion gleichermaßen wie nach einer sicheren Landung, auch unter widrigsten Bedingungen. Meinen ersten

Erlebnissen schlossen sich während der 100 Stunden Flugzeit in Florida eine Unmenge von Eindrücken und großartiger Empfindungen an. In niedriger Flughöhe über den Golf zu fliegen in Richtung Key West, türkisfarbenes Meer unter sich zu sehen sowie unzählige Landungen auf kleinen unspektakulären Plätzen bereicherten nicht nur den künstlichen Horizont sondern auch persönliche Empfindungen. Ich habe dort großartige Wetter Erscheinungen gesehen in Florida, Gewitter umflogen bin in 50 Fuß (15 Meter) übers Meer und Strände geflogen sodass Abends nach der Landung auf dem Heimatfeld die Endrohre des Auspuffs meiner Cessna 150/172 mit Salz hell verkrustet waren. Des weiteren gehörten Flüge bis 10.000 Fuß Höhe dazu, die ich mir aufgrund der langen täglichen Flugzeiten gönnte. Das brachte zum einen herrliche Sichten mit sich, angenehme Temperaturen in meinem kleinen Flugzeug ohne Druckkabine und das Gefühl unendlicher Freiheit. Ich habe eigentlich nur gute Erinnerungen an die einfachen Bedingungen des Privat Fliegens in USA. Hier hat man noch Zeit den Flug zu genießen, Natur und ihre Schönheit in sich aufzunehmen, Dinge auszuprobieren und sich nicht ständig im Gefühl vorzufinden, welche Regeln ich wohl gerade überschritten habe. Beeindruckend war während dieser Zeit die Anflüge auf den kleinen Flugplätzen bei Vero Beach wenn unter mir die gelben Crop-duster (Sprühflugzeuge) die Apfelsinen Plantagen in weißem Nebel verschwinden ließen. Ich bewunderte diese Piloten für Ihre Flugroutine in einem 8 Stunden Knochenjob unter Akkord Bedingungen.

Aber das ist eine andere Geschichte....

Was nun folgt sind die jungen Erfahrungen eines Flugschulabsolventen. Es werden Bewerbungen geschrieben zu kleineren und größeren Fluglinien und die verschiedenen Erfahrungen von bekannten oder befreundeten Aspiranten in Vorstellungsgesprächen ausgetauscht und Leistungsüberprüfungen in Einstellungsverfahren werden weitervermittelt. Es tut sich ein Ozean auf aus Gerüchten, Halbweisheiten, Tatsachen in einer Gemengelage die jeden Kaffeeklatsch eines älteren Damenkreises adeln würde. Im Grunde genommen geht man zu jedem Bewerbungsgespräch wie zu einer Klassenarbeit über nur erahnten Wissensstoff. Man ist verunsichert über das Wie der Situation und das Was der Fragen durch all diese Pseudoinformationen im Vorfeld. Ich hatte mich also beworben bei Germania, dem NFD (Nürnberger Flugdienst), Delta Air am Bodensee, bei Hapag Lloyd, Cityline und anderen. An was ich mich noch erinnere ist das Vorstellungsgespräch in Nürnberg, wo sich erstmalig mein Weg mit Rudolf Wöhrl kreuzte, welcher zur späteren Zeit meines Lebens und Fliegerdaseins nochmals eine wichtige aber unerfreuliche Rolle spielen würde. Man wurde nach einem Gruppengespräch alsdann einzeln interviewt und fühlte sich bei den kleineren Unternehmen angenehmer behandelt, als bei den etablierten Fluggesellschaften mit ihren Eingangsritualen und der dort zur Schau gestellten Coolness, die diesem Berufsstand allerdings heute abhanden gekommen ist, oder ist es vielleicht das mangelnde Selbstwertverständnis in neokapitalistischen Zeiten?

Aber das ist eine andere Geschichte....

Es gab zum damaligen Zeitpunkt noch die DeltaAir in Friedrichshafen, bei der auch eine Bewerbung meinerseits eingegangen war. Während ich also auf Zusagen auf meine Bewerbungen hoffte und Absagen befürchtete, rief mich Frau Silvia S. aus der Zeppelinstadt, Personalchefin von Delta Air an, eine charmant gepflegte 40igerin mit einem guten Händchen für Mitarbeiter, die sich nicht mittels Doktortitelage aufwerten musste, um einen Ausgleich für mangelnde soziale Empathie auszugleichen, schätzte man sie doch auch bezüglich ihrer sozialen Wärme! Wir wohnten damals in Herrenberg und sie fragte mich, ich hatte mich bei Delta Air 10 Tage zuvor beworben, ob ich am 09.11.1987 zum Vorstellungsgespräch bei Herrn Wolfgang Bierbach kommen könnte. Ich war überrascht über solche eine rasche Rückmeldung und antwortete selbstverständliche mit Ja ohne weiter darüber nachzudenken. Am Morgen des 9.ten fuhr ich nach Friedrichshafen. Nach kurzer Wartezeit wurde ich ins Büro des Geschäftsführers Wolfgang Bierbach gebeten. Nach einem sehr kurzen freundlichen Gespräch verließ der anwesende Alfons B. das Meeting. Er hatte noch anderweitig Verpflichtungen zu erfüllen. Ich denke die Gesamtdauer des Gespräches waren 30 Minuten und Wolfgang Bierbach legte mir einen unterschriftsreifen gezeichneten Vertrag vor mit dem Angebot 3 Wochen später bei Delta Air als Co-Pilot auf DO-228 anzufangen. Innerlich schrie alles in mir: Unterschreibe!! Dennoch erbat ich mir einen Tag Bedenkzeit. Am nächsten Tag rief ich in Friedrichshafen an, bekundete mein Einverständnis, schickte den ausgefüllten Vertrag zurück und versuchte zu begreifen, dass ich Verkehrspilot werden würde.

Cleared for TakeOff

Es war der 1.Dezember 1987 als ich meinen Dienst begann oder besser gesagt mich wieder mit Büchern befassen musste, denn vor allem Fliegen hat der liebe Gott das sogenannte Type Rating oder die sogenannte Typen Berechtigung gesetzt. Ein bisschen Theorie, ein wenig Lehrgang eine Abschlussprüfung ein Checkflug und endlich sitze ich danach auf dem rechten Pilotensitz der DO-228.

Anekdote:

Das Urgestein der Delta Air, ein Stumpen rauchender (auch im Cockpit) kantiger Urschwabe, Heinz Karl V.,seines Zeichens Berufspilot, Sachverständiger, Fluglehrer und Simulatorchecker nahm mir meinen final Checkflug ab. Ich war in gewisser Anspannung beim letzten Anflug auf Friedrichshafen als plötzlich der Triebwerks Feueralarm schrillte. Nachdem ich meine Tunnelsicht verloren hatte und nach einigen Sekunden wieder kontaktfähig für meinen Kollegen war, sah ich diesen grinsend, mit der einen Hand die Feuerwarnung auslösend neben mir und er grinste mich an und frotzelte: „Gell Bua, des isch der Onderschied zwische Dheorie un Braxis." („So, Junge, das ist der Unterschied zwischen Theorie und Praxis!") Für mich war es die erste höchstgradige Adrenalinausschüttung bei einem realen Flug.

19 Passagiere vertrauen bei diesem Flugzeugmuster (DO228) ohne Kabinenpersonal und ohne Druckkabine den beiden Piloten ihr Leben an. Zum ersten mal fliege ich ein richtiges Verkehrsflugzeug. Zwei Turbo-Props (Düsentriebwerke mit Propeller) zu je 700 PS verhelfen diesem Flugzeug zu ganz ansprechenden Leistungen unter allen Wetterbedingungen. Bei meinem ersten Passagierflug, ich erinnere mich noch

genau daran, flog ich mit Dieter S. einem nicht vom fliegerischen Ehrgeiz zerfressenen Freelancer (Freiberufler) und Freizeit Filmemacher aus dem Allgäu von Friedrichshafen nach Zürich. Es war ein kalter Morgen, der Himmel war bedeckt, die Flugvorbereitung fertig, das Flugzeug getankt, die Gäste an Bord. Zum ersten Mal in Uniform, stolz auf die drei Streifen auf den Schultern, fühlte ich mich wie Gott in Frankreich und gleichzeitig in erregter Erwartung meines ersten Passagierfluges. Dieter S. schob die Schubhebel nach vorn, wir hatten die Clearance für den Take-Off erhalten und standen nach 12 Minuten auf dem Vorfeld nahe dem Anfang der Piste 28 in Zürich. Was war geschehen? Ich hatte meinen Blick 12 Minuten auf Abflugkarten gerichtet, Flugparameter mit gecheckt, Anflugkarten herausgefischt, mehr oder weniger gut gefunkt und stand in Zürich am Boden obwohl ich noch im Geiste eigentlich noch in Friedrichshafen auf der RWY 24 stand. Ab diesem Zeitpunkt wusste ich, was Routine in der Luftfahrt bedeutet. Ich fühlte mich wohl bei der kleinen Fluglinie Delta Air mit dem familiären Umgang miteinander und auch die Perspektiven für eine zukünftige Karriere waren in diesem Unternehmen gut, bei dem auch nicht alles Gold war was glänzte, was sich aber durch eine gewisse Menschlichkeit mit- und den Kollegen untereinander mit sozialen Kontakten auch außerhalb des unmittelbaren Dienstbereichs amortisierte. Ich war in der Welt der Luftfahrt angekommen, in einer Welt nach der ich so sehr gestrebt hatte und die mir jetzt endlich das Gefühl vermittelte im Beruf meiner Bestimmung angekommen zu sein. Es waren immerhin ca. 5 Jahre ins Land gegangen bis ich endlich dieses Ziel erreicht hatte. Was für die Luftfahrt und den Pilotenberuf immer wieder spricht, sind wunderbare Naturerlebnisse wie sie sich zum Beispiel darstellen, wenn man nach einer Taxifahrt von Friedrichshafen nach Zürich in aller Herrgottsfrühe um 4 Uhr aufgestanden ist und man sich unter einer trüben

Nebelwetterlage schließlich im Cockpit eines Flugzeuges befindet. Die Gäste an Bord, die Kabine vorbereitet, das Flugzeug konfiguriert und Abflugbereit. Nach der Take-Off-Clearance und Rückfrage „Ready" werden die Thrust-Lever nach vorne geschoben, die Bremsen werden gelöst man beschleunigt eine kleine Ewigkeit um dann 1 Minute nach dem Rotieren (Abheben) in einem Meer aus strahlendem Sonnenschein aufzutauchen, den Duft von Kaffee im Cockpit, der die Luft verzaubert und man die Alpen im aufgehenden Licht einer strahlenden Sonne plötzlich wahrnehmend, in einer Weise, die nur noch staunende Demut in der Betrachtung von solch perfekter natürlicher Schönheit zulässt. Man sitzt quasi im Panorama Restaurant Gottes und weit weit weg von den Alltäglichkeiten. Die Technik funktioniert, die Routine schafft Raum und die gewonnene Zeit zum Staunen des Gesehenen, vertreibt allen davor empfundenen Zeitstress, jedwede Müdigkeit und es bleibt nur zu Staunen übrig auf welch wunderbarer Welt mit welch wunderbaren Möglichkeiten wir leben. Ich bin, denke ich, zweieinhalb Tausend mal von Stuttgart nach Genf geflogen, wobei kein Tag dem vorangegangenen ähnelte, wenn man das Schauen nicht verlernt hatte und trotz der Bedienung der Technik die Augenweide die sich einem außerhalb des Cockpits bot noch wahrnehmen konnte. Dazu zählen auch Highlights wie Holding (Warteschleifen) bei schlechtem Wetter vom Controller in Genf auf Nachfrage bei Verzögerung des Anfluges autorisiert, zwischen Mt.Blanc und Matterhorn. Bezahltes Sightseeing vom Feinsten.

Anekdote: (zum Thema Erfahrungen:)

Werksverkehr, Dornier: Flug abends, Friedrichshafen nach Oberpfaffenhofen. Captain C/P = PF (Pilot Flying)

Oberpfaffenhofen Rwy 22 hazy (dunstig)

OBF gewährt auf Nachfrage C/P „Request Cancel IFR" (Bitte um Fortsetzung des Fluges nach Sichtflugregeln) für visual Approach zur Zeitersparnis. C/P dreht zügig Richtung Flugplatz ein. Dann im Queranflug mit tief stehender Sonne die etwas nervöse Frage: „Wo ist denn der Platz, hast Du ihn" „Siehst Du den Platz?" etc. pp. Er war durch im Gegenlicht blendenden Dunst „verschwunden".

Der Rest des damals erlebten Distresses führte dazu, dass mir Vergleichbares selbst nie wieder passiert ist, da ich stets mit Instrument Backup und nur bei unter eindeutig dunstfreien und Sicht garantierenden Bedingungen solcherlei Requests abgab bzw. Controller-Angebote annahm und dies mit vorheriger Absprache mit meinem Kollegen. Ein erneuter IFR pickup (Übergang zum Instrumentenflug) war somit stets eine weitere Option. Always Stay ahead and be prepared. (Sei voraus und habe immer einen Plan B parat)

Sinnigerweise erlebte ich selbst als Commander einen Kollegen, Tom P., der sich während eines Anfluges RWY 25 in Stuttgart beim genehmigten Visual Approach falsch orientiert hatte und das, obwohl er sich noch am Tag zuvor über einen Privatpiloten mit Navigationsproblemen im Luftraum des Airports Stuttgart belustigt und smart mokiert hatte!!

Aber das ist eine andere Geschichte.

Während ich diese Zeilen schreibe merke ich allerdings wie ich versuche die Highlights in der Fliegerei zu verdrängen, um nicht nochmals die Sehnsucht nach diesem, wie ich später erläutern möchte, durch Technokratie, mangelnder Menschenführung und unauthentischem Führungspersonal mittlerweile total negativ veränderten Arbeitsumfeld mit dadurch nachhaltig negativ geprägten Berufsbild mit all seinen Facetten empfinden zu müssen. Karrieretechnisch ging es für mich steil bergauf. Nach nur 66 Stunden verließ ich die DO-228 und wurde umgeschult auf SAAB-340. Das diesbezügliche Type Rating wurde eingeplant für Stockholm und dort bei SAS absolviert. Es war eine wunderschöne und spannende Winterzeit im Frühjahr 1988, die ich mit einem 22jährigen Kollegen Tobias S. dort verbringen durfte. Die Lehrer waren gut gelaunt, hatten flotte Sprüche parat. Der Unterricht war anspruchsvoll, dennoch kam der Humor nicht zu kurz. Eine wunderbare Zeit voller neuer Herausforderungen und spannender Erfahrungen.

Anekdote:

Beim Selbststudium kam bei einer Anzeige eines Instrumentes die Farbe Magenta zum tragen. Da ich und mein Kollege bezüglich der Farbe Magenta uns nicht ganz sicher waren, erklärte uns einer der SAS Instruktoren auf nicht Jugendfreie Weise was wir darunter zu verstehen hätten. Kurz zusammengefasst und erst ab „18" frei gegeben eine äußerst versteckte Körperfarbe!

Bei diesem Type Rating kamen wir noch in Kontakt mit den old-school Lernmaterialien, Dia Projektoren und Audio Steuerkassetten. Wir haben viel gelernt, manches nicht verstanden, viel gelacht und auch das Wasa-Museum besucht.

Die kleine Pilotenwelt war noch voll neuer Erfahrungen in der knappen Freizeit. So ist mir noch ein Singwettbewerb in der U-Bahn Station in Stockholm in Erinnerung, bei dem jeder Mann und jede Frau hemmungslos ob ihres Könnens Ihre Sangeskunst demonstrieren durften und was ich aus unserer Gesellschaft nicht kannte, kein Darbietender wurde in irgendeiner Form verhöhnt oder belächelt, egal wie gut oder schlecht gesungen wurde. Des weiteren erinnere ich mich noch der winterlich eisigen aber als dazugehörig empfundenen Kälte. Eine andere Schlüsselerfahrung gesellte sich grundsätzlich bezogen auf das billig, schmuddelige Schulungsambiente in diesem Berufsfeld hinzu. Ich darf anmerken, ohne Unterschied ob bei SAS, Flight-Safety, BA, LH, Air Berlin, Swiss-Air etc, ausgenommen einzig die Schulungsstätte der Crossair in Basel! Es war dies ein damals in der Berufseuphorie noch nicht als solcher realisierter Vorgeschmack auf die ziemlich abgekommenen Schulungszentren ohne den kleinsten Hauch von Gemütlichkeit in stressiger Zeit all der zukünftigen Typeratings mit zeitintensivem Lehrgang und mit Frontalunterricht, Selbststudium und Simulatortraining, die zu dieser hoch fordernden Lernsituation voller Extreme gehörten. Ein wenig Ambiente evtl. Farbe, ein Aquarium o.ä., um kurz mal die „seelischen Batterien" aufzuladen. Mit Lehrgangszeiten, in denen man den Tag nur noch in Dunkelheit wahrnimmt, Unterrichtsbeginn um 8 Uhr und Ende um 18 Uhr, free-study bis 22 Uhr, Simulator-Sessions von 2-6 Uhr nachts mit Lernen davor. Billigstes Junkfood als Zuckerlieferant für das Gehirn heruntergewürgt in siffiger Neon-Umgebung in Automaten-Lounges während der kurzen Pausen des Trainings, als auch die Unterbringung in gastlauten Hotels mit überteuerten Mahlzeiten, sollten sich zukünftig abwechseln mit den Phasen totalen Genusses, die ich am Anfang beschrieb. Im übrigen reichten die Spesen regelmäßig nicht, um während Night-Stops sich anständig im

Hotel, trotz Crew-Rabatt, verköstigen zu können! Eigenmittel waren gefragt und notwendig.

Aber das ist eine andere Geschichte

Nach abgeschlossenem Type Rating und den dazugehörigen Platzrunden begann dann der Supervision-Linieneinsatz (eine Zeit bei der der neue Pilot im Team unter zusätzlicher Aufsicht eines weiteren oder dementsprechend Qualifizierten Crewmitglieds die Flugfertigkeit Arbeitsroutine im Linienbetrieb mit Passagieren demonstriert. Das bedeutete bei Delta Air auf SAAB-340 als Co-Pilot erstmals mit 3.tem Besatzungsmitglied im Cockpit unterwegs zu sein. Captain, Copi und Safetypilot. Den Strecken Friedrichshafen-Zürich und Friedrichshafen-Oberpfaffenhofen für den Werksverkehr von und mit Dornier auf der DO228 folgte dann die Entspannung von 1-2 Stündigen Flugsektoren. Ziele wurden Bremen, Stuttgart, Mailand, Pisa, Venedig, Genf, Lyon, Barcelona, Nizza, Brüssel, Jersey, Guernsey, Kopenhagen, Calvi etc. Die kurze Frisur saß auch ohne 3-Wetter Taft und man freute sich morgens den Kollegen aus dem Cockpit (auch hier gab es + Vorlieben oder -...weniger reizvolle Kombinationen) und die Kollegin aus der Kabine wiederzusehen. Das Flugzeug war ebenfalls ein Turbo-Prop mit 2 x 1750 Pferdestärken allerdings mit Druckkabine, 33 Sitzplätzen, einer Flugbegleiterin und einer zertifizierten Dienstgipfelhöhe von 25.000 Fuß und nicht zu vergessen einer Toilette. Da die Propellerbremse vom Triebwerk 2 allerdings vom Hersteller untersagt worden war zu benutzen, es hatte wohl einen schweren Unfall gegeben, war unter extremen Wetterbedingungen am Boden im Flugzeug dasselbe Klima wie außerhalb. Es war somit keine Klimatisierung möglich. Im Sommer Schweißperlen auf der Stirn, im Winter Eisblumen auf den Scheiben, es sei denn ein Bodenklimagerät blies mittels durch einen durch Heckgepäckraum gelegten Schlauch je nach Witterung warme oder kühle Luft in die Kabine. Die Flugvorbereitung war händisch indem man sich bei Dispatch (Planung) die Karten besorgte, Flugpläne gemäß Wind kalkulierte, den Treibstoff festlegte und mittels der letzten aktuellen Zahlen den Beladeplan grafisch erstellte. Es gab noch keine Handys oder Tablets zu dieser Zeit. Eine herbe Erfahrung gegenüber der schwedischen Offenheit war, dass uns Propeller Fliegern beim Dispatch in Zürich nicht einmal das Grüß-Gott seitens der Swiss-Air Crews erwidert wurde. Dies war umso bedauerlicher empfunden dadurch, dass die Cross-Air mit Sitz in Basel letztendlich unser Mutter Unternehmen geworden war und wir quasi auch für eine Schweizer Firma Strecken beflogen.

ANM.:

Bezüglich Klimatisierung fällt mir noch ein unter welch unmenschlichen Bedingungen zur Winterzeit im Freien auf einem Pappkarton am Boden sitzend sich Mechaniker in Eiseskälte mangels Hangarkapazität um Bremsen, Fahrwerk oder Radwechsel zu kümmern hatten. Wenn keine weiteren Maschinen vor Ort für Passagiere Klimageräte brauchten, gab es manchmal ein solches um mittels warmem Luftstrom wenigstens die Finger auf Arbeitstemperatur zu bringen. Das sehen Fluggäste für gewöhnlich nicht, wie auch die knallharten sparsamen Manager, denen Zahlen mehr bedeuten als Menschen.

Auch hier blieb mir ein Kollege der Maintenance namenlos in Erinnerung. Er zeichnete so herrliche Cartoons, dass man eines davon nahm, um es als puzzle giveaway an die Passagiere zu verschenken. Dies sind die Herzlichkeiten, die ein Team ausmachen, in dem man sich wohl fühlt und die in der heutigen Zeit selbstverliebter Business School Absolventen mit Führungsanspruch keinen Platz mehr haben.

Anekdote:

„Hey Captain, warum machen Sie so wenig Fehler? – Weil ich viel Erfahrung habe! – Woher haben Sie die ganze Erfahrung Captain? – Ich habe viele Fehler gemacht!" …..

Ein Supervisor der CrossAir wollte einem neuen Piloten die Funktion und Sicherheit der WOW Switches (Weight-on-Wheel, Gewichtssensor) demonstrieren. Sie verhindern ein Einfahren des Fahrwerks solange noch Gewicht auf diesen lastet, also die Reifen den Boden berühren. Er legt in der Wartungshalle den Fahrwerkshebel nach oben....Die Hydraulik tat ein Übriges. Der mehrere einstellige Millionen Mark teure Schaden des sich setzenden Flugzeuges hatte wohl einige Gutachten zur Folge, aber interessanter wäre es noch die Gesichter der Beteiligten im Moment X gesehen zu haben.

Résumé: Es gibt nicht wenige Branchen in denen man dauerhaft gegen Murphy´s Law kämpft, die Luftfahrt gehört aber definitiv dazu.

Der fliegerische Horizont, mein fliegerischer Horizont erweiterte sich! Sie wissen schon: „Hey Captain"……..

In der Luftfahrt tut man immer Gut daran, von anderen zu lernen, und so zynisch, das auch klingt, auch post mortem!

ANM:

Eine Risiko fördernde Besonderheit ist stets die Neueinführung eines Luftfahrzeugmusters bzw. dessen Übernahme in einen Flugbetrieb. Der Hersteller hat alle Zulassungskriterien erfüllt, die Trainer wurden getrained und gaben ihr Wissen an die umgeschulten Crews und Techniker weiter und alle Vorgaben sind erfüllt.

ABER!

Die Zwischenräume in den Lehrbüchern, die darin nicht aufgeführten oder in 1000den von Seiten versteckten Beschreibungen möglicher Besonderheiten beim Betrieb eines LFZ und die Handbücher, die jegliche Verantwortung auf die Crews abwälzen, decken alles ab, außer Routine aus Erfahrung. Hersteller und Betreiber erwähnen jedwede Möglichkeit. Dies wird von Heerscharen juristischer Abteilungen ins auslegbar Unverbindliche, dennoch vorgeschrieben zu beachtende Handlungsanweisungen verklausuliert, um das Ganze dann in unübersichtlichen, manchmal kaum auffindbaren Passagen zu verstecken. Man darf sich das so vorstellen, damit die Crew im Anschluss an einen Unfall in der Verantwortung durch die Versicherungen herangezogen werden kann werden unsägliche Verfahren quasi verbindlich „empfohlen" (it is recommended,) z.b. im Winterbetrieb bei Schneefall nach dem Enteisen vor dem TakeOff soll eine qualifizierte Person die Kontaminationsfreiheit der maßgeblichen Außenflächen bestätigen, wobei in meinen 30 Fliegerjahren ich einmal nachts zur Sicherheit auf einem Frachtflug TXL/STR einen Techniker vor der Schwelle eben diesen Zustand abchecken ließ. It is mandatory (verbindliche Aufforderung!) wird sehr viel zurückhaltender verwendet, um umfangreichere Einsatzfähigkeiten zu erreichen, da es der Crew eine nicht interpretierbare Anweisung gibt. Um das ganze noch versicherungsfreundlicher zu gestalten wandern dann einzelne Kapitel in den Regelwerken und Dienstcomputern immer einmal wieder die Suche intensivierend an andere Stellen:

" Du, wo stand nochmal…..?" „Ich find´s auch gerade nicht…!

Beispiel: E-Bike

Fahren Sie immer vorsichtig

Fahren Sie in Kurven immer Vorsichtig

Fahren Sie im Winter in Kurven immer Vorsichtig.. und beachten Sie Band 2 :"Kurvenfahrten im Winter" a) bei Temperaturen um den Gefrierpunkt, und Neigungswinkel kleiner-gleich 7Grad zur Fahrradlängsachse unter Rauhreifbedingungen.

Band 3: Sollten während einer Kurvenfahrt die Pedale getreten werden so besteht die Möglichkeit derer Bodenberührung.

In diesem Fall wurde schon einmal bei Seriennummer 4711 und höher, beobachtet, dass die Beleuchtung kurzfristig ausfiel, was bei Nachtfahrten zu berücksichtigen wäre und was einen Kurvenwinkel von kleiner-gleich 6 Grad zur Empfehlung hat.

Band 4 legt dann noch irgendwo fest, dass die Bereifung im Winter bei Kurvenfahrt unter 6 Grad Winkel mindestens 1,85 cm Profiltiefe benötigt…..

Irgendwo in diesem Labyrinth sitzen Sie als Entscheider mit oder ohne Erfahrung! Was gefällt Ihnen als PAX besser?

Aber das ist, na Sie wissen doch, eine andere Geschichte...

Zu jener Zeit, ich kehre zur SAAB 340 zurück, gab es aber auch noch Schmankerl, dergestalt, dass die Cockpit Türen unverschlossen waren, man für 20 Mark Freunde, Verwandte oder Bekannte zu einer Destination hin-und zurück mit Tickets versorgen konnte. Der Jump-Seat gehörte der Crew und ich weiß noch wie wir im Flug Gewinnspiele mit Passagieren veranstalteten, um den Gewinner die Landung im Cockpit miterleben lassen zu dürfen. Auch ist mir ein Flug von Stuttgart nach Nizza unvergessen wo von einem Immobilienmakler als Gratifikation für dessen Mitarbeiter ein Wochenende in Nizza spendiert wurde und wir einen Gast auf dessen Nachfrage einmal kurz ins Cockpit schauen zu dürfen während des Fluge, kurz vor Monaco auf den Cockpit Jump-Seat Platz nehmen ließen. Wir erfuhren von ihm, dass es dessen erster Flug überhaupt war. Dieser Flug über die im gleißenden Sonnenschein strahlenden Alpen und die Bucht von Monte Carlo und Nizza. Als ehemaliger Einwohner Ost-Deutschlands zur Vorwendezeit unvorstellbarer Wunschtraum. Ich bekomme noch heute einen Kloß im Hals wenn ich mich an einen Satz seinerseits erinnere, den ich nie vergessen werde, wo dieser erwachsene Mann mit tränen erstickter Stimme seiner Rührung freien Lauf ließ, indem er sich bedankte mit den Worten: „Das ich das noch erleben durfte." Dieser kleine Satz brachte uns seit langer Zeit wieder einmal auf den in alltäglicher Routine verlorenen Boden der Tatsachen zurück. Wir fühlten wieder einmal bewusst, dass wir im wahrsten Sinne der Wortes im Himmel voll spektakulärer Natur-Impressionen und großartiger Landschaftsansichten arbeiten durften. Ich habe immer versucht, mir dieses Staunen zu bewahren. Das führte auch dazu die Passagiere immer wieder mal mit Ansagen zu verleiten, in das gelebte Wunder des Fliegens aus abgeklärter Langeweile zurückzukehren, in dem ich ihnen gegenüber erwähnte in den Bordansagen, dass sie in der Antike Göttern gleich gewesen wären oder sie zu Goethes Zeiten, so sie es sich hätten leisten können, in komfortabelster Weise zu reisen, viele Wochen in einer Kutsche von z.B. Stuttgart nach Barcelona verbringen hätten müssen. Es war mir oftmals ein Anliegen gewesen, bewusst zu machen, was es bedeutete zu einer Zeit zu leben, in der wir mit 860 und mehr Km/h bzw. 80% Schallgeschwindigkeit was je nach Temperatur und Höhe und damit einhergehender Luftfeuchte in ca. 11000M einer Strecke von 240m/sec entspricht, durch die Atmosphäre und vor ihr geschützt, in einer Aluminiumröhre sitzend, entspannt Kaffee trinkend, Zeitung zu lesen. Den Blick ehemals auf Sätze und Buchstaben in Zeitungen, Magazinen oder heute Smartphones, Pads oder Notebooks gerichtet, die unsere Aufmerksamkeit binden statt die Seele in der Betrachtung der Schöpfung um uns, etwas baumeln zu lassen. Dekadenz der Moderne.

Aber das ist eine andere Geschichte

Doch zurück zur Erinnerung in die Zeit und zu den Erlebnissen

Ich hatte zum damaligen Zeitpunkt, 1988 meinen Hauptwohnsitz in Herrenberg, meine erste Frau Ute war dort als Lehrerin tätig und eine Versetzung nach Friedrichshafen meiner Frau lag in weiter Ferne. Also musste ich, um nicht immer Pendeln zu müssen, mir eine Unterkunft in Friedrichshafen oder zumindest in der Nähe des dortigen Flughafens finden. Der geneigte Leser würde sich wundern, wüsste er, wie wenig Schlaf pendelndes Flugpersonal oftmals braucht, weil es nicht mehr darstellen kann. Anm.: Zynismus ist in gedrucktem Text oftmals schwer erkennbar.

Also sucht man eine Dienstwohnung oder ein Zimmer oder eine Einsatz-Bude oder ein Gästehaus oder eine Truckerpension oder einen Kombi oder Wohnwagen oder....

Aber das ist eine andere Geschichte

Ich wohnte also zeitlich begrenzt außerhalb der Ferienzeit in einer Ferienwohnung in Fischbach am Bodensee.

Anekdote:

Meine Wohnung war seenah, soutterrain mit halbhohem Fenster zu einer Apfelplantage. Ich habe danach lange Zeit auf Bodenseeobst verzichtet!

Zur partnerlosen Einsamkeit während vieler Aufenthalte im Kellerdomizil gesellte sich im Frühjahr die ebenfalls wenig erheiternde Erkenntnis, dass makelloses Obst in Pestiziden gewaschen wird. So habe ich wiederkehrend mit gelber Flüssigkeit zugenebelte Fensterscheiben erlebt, nachdem das Plantagenobst mittels kleiner Sprühfahrzeuge völlig giftgebadet vom Bäumchen zu mir herüber lächelte.

Ich hatte ein andermal eine FeWo oberhalb von Überlingen, wo die häufig feiernden Vermieter bis ½ 3 nachts lautstark mit an und abschwellendem Lachen ihrer alkoholforcierten Unbeschwertheit, allerdings akustisch gefühlt neben meinem Bett stehend, in dem ich erfolglos versuchte bis um 4:30 Uhr zur Ruhe vor dem Einsatz zu finden, freien Lauf ließen. Der geneigte Leser wird während meiner Karriere noch weitere Unterkünfte eines Traumberufes kennenlernen.

Aber das ist eine andere Geschichte...

Vom Frühjahr 88 bis zum Herbst 89 absolvierte ich ca. 750 Stunden als erster Offizier auf SAAB-340 und meine Erlebnisse während dieses Jahres als Copilot sollen hier nochmals näher geschildert werden. Der Leser sehe mir nach, dass es wahllose Erinnerungen sind, wusste ich zum damaligen Zeitpunkt noch nicht, dass mir, was zeitliche und situative Genauigkeit meiner heutigen Schilderungen anginge, das führen eines Tagebuchs hilfreich gewesen wäre! In Erinnerung an diese Zeit passieren Revue eine Vielzahl von erlebten Bildern guter, schlechter sowie vom Leser selbst zu bewertender Situationen. Zu den netten Erlebnissen in meiner Erinnerungen gehört ein Flug mit meinem bereits zuvor einmal erwähnten auch im Cockpit Stumpen rauchenden Kollegen Heinz-Karl V. Eine seiner Charaktereigenschaften war es das man sehr schwer feststellen konnte ob er sich in einer gut gelaunten, schlecht gelaunten, zynischen oder ironischen Phase befand. Er war wie man es im Schwäbischen oft hört: „Hald ä Orginal" oder zum besseren Verständnis hochsprachlich begabter Leser: „Än Gnaudel" mit anderen Worten, eine sehr schwer einzuschätzende, liebenswerte, launische Persönlichkeit. Bei einem meiner frühen Flüge mit Ihm, hatten wir alles vorbereitet. Der Flug sollte von Friedrichshafen nach Frankfurt führen. Heinz-Karl war an diesem morgen angespannt indifferent. Wir waren wie es in der Luftfahrt nicht unüblich ist, in Abwesenheit bereits betankt worden, Weight und Balance (Beladung) war berechnet mit den Gästen an Bord fertig, um Offblock zu gehen. Heinz-Karl war etwas später zum Flugzeug gekommen, er hatte noch einige periphere Dinge erledigt, die in seinem zusätzlichen Aufgabenbereichs als Trainer bei Delta Air angefallen waren. Wir rollten also mit kleiner Verspätung zum Rollhalteort zwo vier. Während des Rollens absolvierten wir unsere Checklisten und es kam, was nicht kommen sollte zum Vorschein beim Checkpoint „Fuel", nämlich dass wir grenzwertig wenig getankt hatten, was unsere Planung anging. Es würde also ein Flug komplett ohne extra Fuel werden, was den Erfahrungen des Treibstoffbedarfs auf einen High-Density Airport wie es Frankfurt war und ist entgegenstand. Es war wohl mein Versäumnis gewesen während der Cockpitvorbereitung die korrekte Menge des getankten Fuels zu überwachen, und ob der Tanker die geplante und mitgeteilte Menge an Treibstoff aufgefüllt hatte. Dies führte seitens Karl-Heinz V. Zu folgendem Statement: „Bu heit haschs verschisse, mir brauchet heit nix mee schwätze." Mit anderen Worten:" Junger Kollege heute hast du einen Fehler gemacht und ich möchte heute zornesbedingt nicht mehr reden." Er spekulierte noch darüber ob wir den Flug durchführen sollten während wir die SAAB-340 auf der Bahn ausrichteten und schob mit erhaltener Take-Off Clearance die Schubhebel (Throttle) nach vorn. Wir beschleunigten und los ging die Reise nach Frankfurt. Der Flug war unauffällig jedoch die Stimmung im Cockpit relativ frostig. In Frankfurt landeten wir mit dem gesetzlichen Minimum an Fuel. Heinz-Karl war ein Mensch der Sorte, von denen man nie eine Entschuldigung hörte, egal wie sehr er sich auch daneben benahm. Seine Form von Entschuldigung erfuhr ich noch im Verlauf des selben Tages und der Leser wird mir verzeihen, dass mir der von Heinz-Karl begangene Fehler nicht mehr gegenwärtig ist, dieser jedoch eine Entschuldigung indirekt ausdrückend sich erahnen ließ. Es war dieser Satz:" Bu heit müsset mer aufbasse, i han genauso viel Scheiß im Kopf wie du („Junge, heute müssen wir beide achtgeben, ich habe wohl genauso viel Fäkalien im Kopf, wie Du)," worauf er mittlerweile gut gelaunt grinsend herüberschaute.

Eine weitere Anekdote,

die Heinz-Karl betrifft und an die ich mich noch erinnerte war ein Flug von Stuttgart nach Genf. Es war ein kalter Morgen, Pfützen auf dem Vorfeld als Heinz-Karl weniger oder mehr schlecht gelaunt mit nassen Schuhen das Cockpit betrat. Die SAAB-340 wurde mittels Außenstromanschluss gestartet und dieser Vorgang fand mit engem Kontakt mit dem Bodenpersonal (Ramper) statt. Zu meist durch Handzeichen gesteuert. Uns zugeteilt war ein nagelneuer Rampi (Bodenagent), Jim, ein US-Amerikaner, der sich durch angenehme Freundlichkeit auszeichnete. Während des Triebwerk-Startvorgangs allerdings ließ Jim bei noch hoch laufenden Triebwerk bereits die Bodenstromversorgung trennen, was zum kompletten Blackout aller Anzeigen führte, woraufhin Heinz-Karl den Triebwerkstart abbrach um keine Temperaturparameter zu überschreiten. Jetzt war die Laune im Keller. Unter den Flüchen:"Isch denn der bloß blöd!" öffnete mein Kapitän den Gurt, sprang aus dem Cockpit, riss die linke vordere Tür auf und schnauzte zur Verwunderung aller Gäste den völlig verdatterten Jim lautstark an wobei ich mir, die unkontrolliert hervorgebrachten Fäkalausdrücke an dieser Stelle spare. Ein Gast auf den Platz 1A, seines Zeichens ein Hewlett-Packard Firmentraveller (HP hatte Firmenkontingente bei Delta Air) wagte es sich, über die Ausdrucksweise meines Kapitäns Jim gegenüber auszulassen. Ich versank vor Scham beinahe in meinem Sitz als ich dann hören musste:"Mir brauchet gar ned zu diskutiere. Wenns Ihne ned passt, sie könnet glei aussteige!" Grummelnd und murrend kehrte Hein Karl dann zurück ins Cockpit und nahm seinen Platz ein. Die weiteren Anlassvorgänge gingen problemlos vonstatten, wie auch der sich anschließende Flug. Der werte Leser wird nun denken, was hat solch ein Unikum in der Luftfahrt zu suchen? Ich möchte das Bild dieses

Kollegen nicht so stehen lassen. Heinz-Karl, wie er von allen genannt wurde war sehr Flugerfahren, ein realitätsnaher Lehrer und zumeist ein Kollege den man besser als Kumpel verstanden hatte. Auch ist mir in Erinnerung dass er nie für irgendwelche Scharaden und Spielchen auf dem Simulator, verordnet von Vorgesetzten zur Verfügung stand. So erinnere ich mich noch genau an eine Versammlung als unser neuer Chef (zum Unwort CEO Chief Executive Officer äußere ich mich noch zu einem späteren Zeitpunkt) Richard Heideker vorschlug oder besser andachte, dass die Flugbegleiterinnen doch das Reinigen der Sitzplätze und des Flugzeugs selbst durchzuführen hätten, um Kosten zu senken, und es Heinz-Karl förmlich vom Stuhl riss und er stehend kund gab:"Mei Mädle schaffet scho gnug, die putzet koi Flugzeug!" Er war immer ein Teamplayer mit Ecken und Kanten, aber nie nachtragend und hinterhältig.

Zur Abrundung noch ein Histörchen, zugetragen vom involvierten Kollegen Ottmar W.

Mit der Zugehörigkeit zu British Airways zu einem späteren Zeitpunkt änderten sich auch die Anflug Briefing Verfahren. Aus wenigen Sätzen zuvor wuchs ein Besinnungsaufsatz von nicht memorierbaren Umfang heran, der mit „This will be a standard oder non-standard or radar vectored.....approach etc.pp. begann und sich minutenlang hinzog.

Heinz Karl war mit altgedientem F/O Ottmar.W unterwegs, seines Zeichens ehemaliger Elektro-Ingenieur und leicht ablenkbar, evoziert durch grundlagentechnische Systemanalytik, auch öfters unpassend ablenkend von den Anforderungen der jeweiligen Flugphase. Ottmar will also alles richtig machen an diesem Morgen mit traumhaften Engelsreisewetter und beginnt auf Münster zu briefen: ich zitiere ihn: This will be. ...als Heinz Karl ihn mit nach vorne zeigender Hand unterbricht, mit den Worten: Do isch de Platz un do lande mer! Nochmals. Es wirkt aus heutiger Sicht unprofessionell, war evtl auch provokativ? Eines lernte man allerdings von ihm immer wieder: Gib dem gesunden Menschenverstand eine Chance, dann bleibt mehr Raum für das Wesentliche. Um das zu verdeutlichen: Es gab auch Kapitänskollegen, die bei bestem Wetter und ohne jeglichen, spezifische Grund den jungen F/O`s neben sich beauftragten, jede ATIS (Automatisch erstellte, über Funk verbreitete Flughafen Information, Wetter etc.) am Flugweg liegender Airports mitzuschreiben, um für plötzlich sich ergebende Eventualitäten vorbereitet zu sein.

Doch die Memoiren möchten weiter ziehen. In guter Erinnerung ist mir auch Wolle G. geblieben, Ex-Bundeswehr, mit dem ich einige Flüge absolvierte, von denen einer nach einer Firmenfeier stattfand, die ich um 22 Uhr am Vortag pflichtbewusst verließ. Es war dies ein Ferry (ohne Gäste) Flug Friedrichshafen-Zürich, um bei der Rückreise mit dem Zug zu erfahren, dass Wolle die Veranstaltung wohl erst gegen 4 Uhr morgens verlassen hatte. Zum Schatz meiner Erinnerungen zählen auch folgende Geschichten: da war Peter V. seines Zeichens Ex-Bundeswehr, der stets von seinen 3600 Flugstunden sprach und der mir schon seit den Zeiten meiner Ausbildung bei der FTC bekannt war, wo er die zivilen Lizenzen erwarb. Er machte im etwas Bundeswehr-lastigen Flugbetrieb der Delta Air rasch Karriere, wenn man dieses Wort auch ironisch zu verstehen weiß. So wurde er sehr schnell zum Cpt. auf DO-228 geschult und es gab einen Vorfall, mit Dieter S. der die Supervision (Unterweisungsflüge nach bestandenem Typerating) mit Ihm flog. Im Landeanflug auf Friedrichshafen kam es zum Vogelschlag woraufhin Peter V. wohl noch im Flug vor dem Touchdown während des Abfangens auf dem verbliebenem Triebwerk Reverser („Umkehrschub"/Propellerpitch) gab. Nach der Landung begab sich ein zufällig an Bord anwesender Gast seines Zeichens Ingenieur bei Dornier ins Cockpit mit den Worten:"Jetzt habt ihr auch noch das gute Triebwerk geschrottet!" Wurde anfänglich im Crew-Raum noch von Peter V. eine Heldentat ob seiner raschen Reaktion für sich reklamiert, so habe er mit dem „Luftschwall" des Umkehrschubs weitere Vogelschläge verhindern wollen, so wurde im Verlauf der Untersuchung immer mehr die Verantwortung auf seinen Supervision Kapitän Dieter S. verlagert. Peter V. Wurde leiser, was seine große Tat betraf, setzte seine Karriere fort und wurde zeitnah Kapitän auf SAAB-340. Dort glänzte er durch einen Vorfall, der bezüglich seiner Belastbarkeit doch Fragen aufwarf. Es war bekannt, dass er wohl erheblichen Stress während des alltäglichen Linienbetriebes empfand, eine Information die Co-Piloten unter einander austauschten und die durch folgendes Ereignis untermauert wurden. Die SAAB-340 hatte vorne rechts einen Notausgang der keinerlei sonstigen Zweck diente. Ein neuer Catering Fahrer (Lebensmittel Lieferant) öffnete von außen in Unkenntnis o.g. Sachverhalts und der Gewohnheit anderer Flugmuster diesen Notausstieg, woraufhin ein völlig überforderter Peter V. schreiend aus dem Cockpit nach hinten rannte mit der Parole:"Wer das nochmal anfasst, dem trete ich in den Arsch!" Er gab den Heinz Karl, allerdings einen Tick heftiger. Dies und weitere Vorkommnisse bezüglich fliegerischer Souveränität führten dazu, dass Peter V. die Firma verließ und man im nach hinein erfuhr, dass er seine renommierende Flugerfahrung „beim Bund" nicht als Pilot sondern als Kampfbeobachter gemacht hatte und er wohl im Alltag als Verantwortlicher Flugzeugführer maximal gefordert und damit im Umgang mit

Crew und Support überfordert war. Ich selbst habe allerdings keine schlechten Erinnerungen an Ihn und ich entsinne mich noch an seine Empörung als er mir erzählte wie die Wirtin im Hause Martha, in dem ich auch gelegentlich zwischen meinen Mietverhältnissen nächtigte, ihm folgendes antrug:"Sie Herr V., Sie nutzen doch häufiger unsere Sauna, da sollten wir schon ein paar Mark mehr haben pro Nacht." Zu diesem Schwäbischen Ansinnen erspare ich mir jeglichen Kommentar, außer dem, dass es für Schwaben am verlockendsten ist Einnahmen aus nicht oder selten zur Verfügung gestellten Dienstleistungen zu generieren. Miete ja, Mieter am besten 7 Tage die Wohnung schonend auf Reisen.

Aber das ist eine andere Geschichte…

Ich möchte noch folgende Kollegen erwähnen von denen mir Spuren in der Erinnerung geblieben sind:

Emil R. Ein netter älterer schwäbischer Kollege, der mir eines Tages offenbarte, dass er schon länger Probleme mit seiner Frau habe und er jetzt eine Beziehung zu einer Kollegin aus der Kabine unterhielte, die sein Leben in jeder Hinsicht wieder in Schwung gebracht habe. Da dies aber nicht von Belang meiner Erinnerung an Ihn ist, will ich nur mitteilen, dass dieser erfahrene Kollege der Erste war, es war ein Flug von Friedrichshafen nach Bremen, der unter dem Hinweis auf Toilette gehen zu müssen das Cockpit verließ, um mich dort mit dem Bewusstsein zu bestätigen in vollem Vertrauen meiner Kompetenz, mir das Flugzeug voll verantwortlich für mehrere Minuten zu übergeben.

Das war für mich vergleichbar mit meinem ersten Alleinflug auf der Hahnweide, der Moment den kein Pilot jemals vergisst. Es ist der Augenblick in dem sich Euphorie über das Vertrauen, man kann es und Angst vor dem Muss des Funktionierens im Erfüllen dieser unverzeihlichen Aufgabe die Waage halten. „Der Himmel reinigt sich von selbst". Der Spruch eines Theorie Lehrers des BWLV (Baden-Württembergische Luftfahrt Verbands) bekommt hier wieder augenblicklich Bedeutung.

Wer hat mich noch beeindruckt? Um es Vorweg zu nehmen und um ein falsches Bild zu vermeiden: In persönlichen Erinnerungen treten zumeist die Situationen in den Vordergrund, die uns zum Zeitpunkt als Sie entstanden auch Unterbewusst angerührt haben. Ich möchte also nicht verschweigen, dass es auch die unspektakulären Kollegen gab, emotional gleichmütigen, die Schöngeister, mit denen man in Barcelona die Sagrada Famiglia besuchte, in Rom den Vatikan besichtigte, von denen man den Unterschied zwischen Gazpacho und Carpaccio vermittelt bekam, mit denen man in Genf Uhren Museen besuchte oder in Venedig einige Stunden am Canale Grande zubrachte, um nur einige Ziele zu nennen.

Es gab Meyer.R, den Flugbetriebsleiter und die Schildkröte, wie er wegen des sonnenverbrannten knittrigen Halses hieß, den ein markig knochiger Kopf krönte und der, seines Zeichens EX-BW lange bei der US Luftwaffe in Arizona Ausbilder war. Er hatte die besondere Vorliebe dafür, auch in San Antonio Texas, wo wir bei Flight Safety S340 Simulator Training und Checksessions hatten, auch im Sommer die Air Conditioning des Mietwagens abzuschalten, mit dem er uns zum Hotel oder Check abholte. Bei 38 Grad Celsius im Freien ein schwer teilbares Vergnügen Mitte 30 und doppeldeutig voll „im Saft" stehend mit jugendlichem Kreislauf. An zwei Dinge erinnere ich mich ebenfalls noch. Wir konnten mit unseren ID-Karten, die wir uns in USA hatten ausstellen lassen, da wir regelmäßig dort waren, eine Airforce Base von B52 Bombern besuchen. Meyer.R kannte die Base aus seiner BW Zeit. Ja, jüngere Leser aus der Generation nach 9-11 wird diese Möglichkeit vielleicht verwundern, zu hören, aber das ging wirklich. Man war noch nicht diesem Generalverdacht ausgesetzt, die Welt war noch ein bisschen mehr in Ordnung, das Leben einfacher, Reisen hatte noch den Geruch nach weiter Welt und das Böse wurde als das hingenommen, was es war und ist: die Ausnahme!

San Antonio war die Gute Alte USA mit allem, was dazu gehörte. Ich will mich hier noch ein wenig verlieren, Erinnerungen leben, Bilder vorbei ziehen lassen. Also los: Die Delta Air hatte über die Crossair, die mit der arroganten Swissair verbandelt war, ein Interline-Abkommen, so dass wir Delta Air Cockpits je nach Günstigkeit und Verfügbarkeit von Simulatorstunden zur Crossair nach Basel, zur Scandinavian (SAS) nach Stockholm oder zu Flight Safety nach San Antonio gingen, da die Reise nach USA quasi für die Delta Air Cockpitbesatzungen kostenlos war. Ich verrate wohl kein Geheimnis, wenn ich mitteile, dass San Antonio bei den meisten Crews heiß begehrt war, war es doch Usus, sich nach den 4 geplanten Reise-und Checktagen 5 bis 7 Tage Urlaub zu requesten. Man war somit auch privat ohne Reisekosten in den USA und hatte nach dem Simulatorstress Zeit, zu relaxen. Also reiste man mit der eigenen Firma oder Fähre und Bahn nach Zürich, bestieg dort eine Swissair, die einen nach Atlanta brachte und von dort ging es weiter mit DELTA-AIRLINES (USA) nach San Antonio. Aber es gab auch einen Wermutstropfen bei diesem Konstrukt. Die kleine Delta Air vom Bodensee hatte also wie zuvor erwähnt ein no fare Abkommen mit Swissair. Was heißt das für den Mitarbeiter? Die Tickets kosteten den Arbeitgeber nichts. Das hieß allerdings für uns, wir bekamen in der First Class keinen Champus!

Nein, Spaß beiseite: wir erhielten stets im Heck, in der letzten Reihe Gangplätze mit der Annehmlichkeit mit allen Rauchern, ja, damals durfte man noch nach Sektionen getrennt an Bord eines LFZ rauchen, deren Zigarettenqualm zu teilen und Plätze unser zu nennen, bei denen die Rückenlehne kaum verstellbar war, stieß man damit doch sofort an die Toilettenwand, so man diese nach hinten absenken, also auf „gemütlich" stellen wollte. Der Abstand zum wall war aber immer noch groß genug, um einen weiteren „kick" zu empfinden, ein Erlebnis wie folgt: Raucher, die keine Raucherplätze erhalten hatten begaben sich während des Fluges nach hinten, um ihrer Sucht zu frönen. Die Cabincrew hatte nach getanem Service in der Aft Galley die Vorhänge geschlossen und so bildete sich eine quatschende, rauchende Traube von Menschen neben dem eigenen Gangsessel von der in unregelmäßigen Abstand immer mal wieder sich jemand an der oberen Rückenlehne abstützte, was zumeist genau im Moment des

Einschlummerns geschah. Gen Westen zu verkraften, gen Osten auf dem nächtlichen Heimweg schlafraubende nervige Strapaze.

Aber dies alles trat in den Hintergrund, hatte man nach Umsteigestopp in Atlanta endlich San Antonio Airport erreicht. Irgendein Kollege holte einen mit dem Firmen Mietwagen ab und fuhr zur Econo-Lodge, dem kleinen Hotel außerhalb Downtown. Man betrat die Eingangshalle, nachdem man zuvor am Parkplatz die Stellfläche für das Fahrzeug des Employee of the Month (Mitarbeiter des Monats) bewundern gekonnt hatte. Wer fühlt sich denn nicht geadelt, wenn er einen Monat lang am Eingang seines Arbeitsplatzes zu parken autorisiert wurde, was neidvolle Blicke der Kollegen auf sich ziehen würde? So glaubte es wenigstens das Management, dessen Fehler in allen Unternehmen ist, sich bei Motivation repräsentativ gebildeter Mitarbeiter eigene Erfahrungen aus der Kindheit im Hort oder Kindergarten in die Erwachsenenwelt zu transponieren. Der Sieger beim Ringelrein erhält nicht 10, nicht 100, nein 1000 Punkte und darf neben der Kindergärtnerin sitzen und das Lesebuch halten. Im Eingangsbereich dann der Sound der Klimaanlagen und der Typische Duft von Raumspray, der sich dann im eigenen Zimmer mit Hochfloor-Veloursteppichboden fortsetzt. Man hatte also beim Schweitzer Hotelmanager eingecheckt, er war in den 70igern ausgewandert und freute sich immer wieder auf vertraute Sprachklänge aus der alten Heimat. Smalltalk und Wiedersehensfreude, Zimmer beziehen und sich Treffen, um Angussteak essen zu gehen. Red Lobster, Steakhaus etc. waren jetzt unser Catering-Stationen und im Anschluß noch zur Tabledance Bar in Laufweite zur Econo-Lodge für einen „Absacker". Der Hit war dort, dass über der Bar ein plüschig ausstaffiertes Westerngirl auf einer riesigen Schaukel sitzend über die Gäste schwang während bestrapste

Stangentänzerinnen auf den Tischen Bündchendollars einsammelten „You can leave your hat on" meinte Joe Cocker dazu.

Am nächsten Tag oder nachts Training, am darauf folgenden Tag der Check, dann frei.

Man besorgte sich einen Mietwagen und fuhr nach Fort Jesus an den Golf von Mexico, fuhr Wassermotorrad als es eine exotische Aktivität war, ging nach Old Town San Antonio zum RiverWalk, kaufte Hut oder Boots im Westernshop, der Amusements gab es viele. Nagels Gunshop mit Shootingrange, Wasserparcs mit Reifenschlauchrutschen oder Wasserskifahren auf einem kleinen See.

Anekdote:

Ich war zu dieser Zeit wohl eher als gut trainiert zu bezeichnen. Also ein Sportboot mit Fahrer und der Option Wasserski zu fahren gemietet. Das folgende Erlebnis war wohl eher ein Spaß für den Bootsskipper denn für uns Greenhorns. Ich hatte eigentlich von mir gedacht, ich bin auch Skilehrer , dass das H2O Skifahren ein Klax sei. War es dann auch. Nämlich der äußerst schmerzhafte Klax beim Start mit Absitzen auf mit den Anus-Weichteilen auf, bedingt durch die Geschwindigkeit und dadurch physikalisch korrekt verharrendem, bretthart empfundenem Wasser. Kurzatmiges Lächeln, soll heißen, hat ja überhaupt nicht weh getan! Dann endlich bleibt man auf den Skiern stehen und hält sich ganz gut auf den wackeligen Beinen. Dem Gefühl des Triumphs folgt nach einigen Minuten schließlich ein jetzt reicht´s

Gedanke dem die Hoffnung auf ein gemütliches Ende der Fahrt folgen sollte. Aus der Vermeidungsreaktion heraus, erneut mit steinhartem Wasser zu kollidieren hält man die Beine parallel und steht wohl etwas zu vorgebeugt am Zugbügel. Allmählich macht sich die Lendenwirbelsäule bemerkbar befindet sich doch der Zugpunk ca.1,5m über der Gleitfläche der Ski.

Der Skipper fährt und fährt, wohl in der Annahme, der Gast genieße aus vollen Zügen. Am Ende des Erfolges dann der entkräftete Sturz und die Freude darüber, dass man endlich erlöst ist. Ich habe nie wieder Lust auf diese Aktivität verspürt und das obwohl im Sportstudium Schwimmen meine beste Disziplin war.

Welche Dinge sind mir aus San Antonio noch in Erinnerung?:

Die Bar, wo man Erdnüsse aß und die Schalen einfach fallen ließ, bis der Boden zentimeterhoch damit übersät war. Der Trainer und Manager bei Flight Safety, der bestimmt lebend gewichtige 150Kg auf die Waage brachte und mit Cowboyhut, auch im Gebäude tragend, wenn unter Stress geraten seine Lebensweisheit kund tat: „Food is the only solution!" (Essen, sei die einzige Lösung)

Dann der private Besuch des River-Walk im Urlaub mit meiner zweiten Frau. Das Flair ist einzigartig und die Erdbeer- Margherita die Mutter aller Margheritas. Sie trinkt sich wie Fruchtsaft, hat es aber so in sich, dass man nach einer bereits ein Taxi nehmen sollte, was einen ins Hotel zurückbringt.

Erna, die Kellnerin aus dem Frühstückslokal, die aus dem

Schwarzwald kam, in jungen Jahren, die in USA keinen
großen wirtschaftlichen Erfolg hatte, aber niemals zurück
gewollt hätte.

Doch kehren wir nochmals zurück zu Meyer R. der San
Antonio so liebte.

Ein Flug mit ihm über den Alpen wurde zum von mir
memorierten Erlebnis. Ein Werbefilm über die Delta Air
wurde gedreht, Do228, hintere Tür ausgehängt, Kabine offen
mit Kamerateam angegurtet in der Türöffnung und wir mit
S340 so eng in abgesprochener Formation fliegend, dass sich
die Flächenspitzen der Luftfahrzeuge nahezu berührten. Geht
doch. Neustress pur! Und....:Staunen eines Flieger-Novizen!

Aber das ist eine andere Geschichte

Es gab Bernd M. seines Zeichens Helikopter Offshore Pilot der seinen gut dotierten 10.000 Mark Job tauschte um aus Beziehungsgründen, um nahe seiner neuen Partnerin zu sein auf „Fläche" (SAAB-340) umstieg, sein Gehalt drittelte, um nach einem Jahr festzustellen das er ein Helikopter Pilot war und blieb. Er kehrte zurück zur Offshore Fliegerei da er mit Flächenflugzeugen nie richtig warm geworden war.

Es gab Pit L. Ex Bundeswehr, ein alter Haudegen, den ein Greenhorn Tobias S. Und ich gebeten wurden doch morgens zum Frühdienst zu Hause abzuholen. Eigentlich nichts Erwähnenswertes, wäre da nicht der Grund für dieses Ansinnen seinerseits gewesen. Er hatte wohl etwas alkoholisiert einen etwas größeren Fahrzeugschaden von annähernd 50.000 DM angerichtet und somit besaß er keinen Führerschein aber die Fluglizenz war ihm geblieben. Tobias S. flachste, er habe wohl „versehentlich" 2mal die Strafe überwiesen?

Es war übrigens ein ganz smarter Kollege, Tobi.S! Ich hatte ja bereits erwähnt, dass wir seitens der Swissair mit DELTA USA ein Abkommen hatten, was zum einen witzige Begegnungen mit sich brachte, wenn man beim Zwischenstop in Atlanta den Crewshop der DELTA AIRLINES mit einem Crewausweis der Delta Air mit Mitarbeiternummern in den 20igern betrat. Regelmäßig verwechselten die Shopmitarbeiter die Firmen und waren beeindruckt wie man, vergleichbar jung, schon so hohe Konzernweihen erreicht habe. Ein nettes Gespräch klärte alles meist mit einem Lächeln auf. Aber es war auch eben diese DELTA AIRLINES, die die kleine Delta Air (Delta Deutschland, Österreich, Schweiz) aus Friedrichshafen um ihr CallSign (Rufzeichen beim Funkverkehr) „DeltaAir" brachte. Es musste per Amtsentscheid ein neues, eindeutigeres her! Jetzt kommt Tobias unvergesslich ins Spiel. Man hatte sich aus irgendwelchen Gründen schließlich für das etwas altbackene CallSign „Bodensee" entschieden.

Auf einem der nächsten gemeinsamen Flüge meinte Tobias etwas ehrenkäsig man hätte doch gleich „Bempflingen" nehmen gekonnt.

Aber das ist wohl eine andere Geschichte.

Was des weiteren Peter L., Pit, betrifft, so sind mir noch zwei nette Histörchen in Erinnerung. Zu Zeiten der DBA schwadronierte er, mittlerweile auf 737 angekommen, in geselliger Runde in einer Kneipe mit ehemaligen Saab 340 Turboprop Kollegen über die Größe der 737, um dann von einem ebenfalls von Delta Air bekannten, ehemaligen Kollegen, mittlerweile bei LTU in Amt und Kapitänswürden aufgestiegen, grinsend hören zu müssen, dass die Masse der 737 eigentlich nicht einmal dem Gewicht des getankten Kerosins einer Tristar entspreche, worauf Pit L. das Thema wechselte. Bei seinem Retirement Flug, letzter aktiver Flug, nach MUC flog er schließlich einen Go Around Gear up so niedrig, dass man munkelte es gab eine Untersuchung und habe fast seinen F/O die Lizenz gekostet.

Es gab Hubert P. von dem, Ex-Bundeswehr, auf einem Flug von Basel nach Stuttgart im Rheingraben die Worte fielen:"Und jetzt über die linke Fläche, und Ihnen nach!"- damals gab es noch die Tiefflugzone der Bundeswehr zwischen Basel und Karlsruhe und er hatte zwei Kampfjets unter uns im Flugtraining erspäht und alte Instinkte reaktiviert. Die Ex der Bundeswehr gab es eigentlich nur in 2 Varianten: Die lebenslangen Helden und die, die in der Passagierluftfahrt Angekommenen. Von ihm, Hubert, wusste ein Copilot zu mutmaßen, er habe sich zwischen 2 Flügen wohl mal einen „Denzel Washington" (Movie Flight) oder allgemein verständlich „Kurzen" aus der Minibar genehmigt.

Es gab Werner M. der mir noch in Erinnerung ist und dessen schlimme Erfahrung mir viele Jahre als Briefing Thema und abschreckendes Beispiel für Gutmütigkeit diente. Er musste erleben als Executive Pilot dass der Geschäftsmann der Ihn angeheuert hatte bat, doch schon einmal seine Tasche zu nehmen und voraus zu gehen. Werner, ein absolut gutmütiger

Kollege tat, wie ihm geheißen und musste die Tasche unerwartet beim Zoll öffnen. Zu seiner Überraschung fanden sich viele Tausend Dollar Falsch-Geld darin. Für Werner bedeutete dies mit der Logik des Zolls : Träger gleich Besitzer:"Gehört nicht mir sagen alle" und er erhielt 50.000 Mark Geldstrafe, die er in Raten zu 500 Mark über viele Jahre abzustottern hatte. Mein Schluss daraus für`s Briefing war bei Newcomern in der Kabine der Hinweis: "Egal wie alt die Oma oder (neusprachlich der oder die „Alte") auch ist, durch den Zoll trägt sie (er,es) ihre (seine,dessen) Sachen selbst!"

Ein kleiner Satz blieb mir von diesem absolut netten Kollegen, aus den „typischen" Männerweltgesprächen in Erinnerung. Er kam gerade vom Simulator in San Antonio und erzählte mir vom US Penthouse oder Hustler oder Playboy, welches Männermagazin auch immer und er meinte im Vergleich zur biederen Version bei uns seien das ja schon beinahe gynäkologische Fachzeitschriften wobei eine gewisse Enttäuschung ob der „Offenheit" des Bildmaterials mitzuschwingen schien. Auch Männer mögen manchmal Geheimnisse!

Aber das ist eine andere Geschichte

Es gab die Beaus (die Frauenbetörer) wie Cio L., Mike S, bei dem sich ‚mehr oder weniger kurzfristig, von Umlauf zu Umlauf wechselnd Flugbegleiterinnen oder Restaurant-bekanntschaften das Hotel-Zimmer „zeigen" ließen.

Es gab die standesverliebten „Profilneurotiker" wie Michael H. (der extra in Uniform seine Steuererklärung beim Finanzamt abgab),

Es gab Attila J. der deutlich auf seine Autorität wert legte und der von Drüben einst mit dem Sprühflieger getürmt war.

Anekdote:

Anflug auf Barcelona auf dem Jumpseat eine nette junge Frau. Attila als Cpt. Er war noch nicht so lange auf SAAB-340 und kommandierte eindrucksvoll in schneller Folge Setups. Ich erdreistete mich darauf hinzuweisen, dass wir genug Zeit hätten um unsere Aufgaben ohne Hektik abzuarbeiten, mit anderen Worten wir hatten keinen Zeitdruck. Nachdem die Dame nach der Landung das Cockpit verlassen hatte musste ich mir allerdings anhören: „Es ginge überhaupt nicht, mit Ihm dergestalt zu reden oder ihn auf Zeitmanagement hinzuweisen, untergrabe es doch seine Autorität und welches Bild dies in der Öffentlichkeit vermittelte!"

Doch das ist eine andere Geschichte…

Climb – Steigflug

Kurze Zeit später im Sommer 1989, ich war mittlerweile 35 Jahre alt, verdiente 3400,-DM brt. + Zulagen, wurde ich upgegradet zum Captain auf SAAB-340. Das Gehalt sprang auf 5590,-DM. Es kam die Zeit Gelerntes anzuwenden, Neues hinzuzulernen, Gutes beizubehalten, Schlechtes sich abzugewöhnen, Rollen zu tauschen, die Balance aus souveräner Autorität mit menschlicher Führung zu vereinen, Technik letzt-verantwortlich zu bedienen, Fehler zu vermeiden,

Kurz....

.....Alles gut oder besser zu machen.

Mein Einsatzort war zwischenzeitlich Stuttgart (Nov. 89) und um die Chancen für eine „vollwertige", zukünftige Anstellung zu erhöhen, man träumte ja den Traum vom Wechsel des Arbeitgebers zu einem Jet-Operator, belegte ich den Lehrgang und schloss die Prüfung zur Langstreckenflugberechtigung bei der Firma Zeltner in Essen ab. Dies verlief ohne Probleme bereicherte aber mein Leben um weitere Charakteroriginale. Der damalige Flugschulleiter war viele Jahre zur See gefahren, von Geburt Schweizer und unterrichtete Navigation an seiner Flugschule. Leider kann ich im Rahmen der heutigen gesellschaftlichen Diskussion keinen seiner immer wiederkehrenden Sätze und damit seines Markenzeichens hier wiederholen handelte es sich doch um recht abfällige Äußerungen über die Arbeitsmoral auf einem sehr großen tierreichen Kontinent den er wohl sehr häufig besuchte hatte und die sich wohl aus seiner Zeit als Kapitän zur See herausgebildet hatten. Was ich erwähnen kann war sein Statement zum Navigationsinteresse seitens des LBA mit dem gezwinkerten Hinweis, dass dort Verfahren gelehrt würden für Geräte, die sich im Deutschen Museum im Dritten Keller unter der Besucherebene im Regal mit dem größten Staub vielleicht noch finden ließen. Als studiertem Nautiker haben wir Ihm diese Auffassung gerne und mit Genugtuung abgenommen, korrelierte sie doch mit unseren laienhaften Erfahrungen neuerer Zeit.

Aber das ist eine andere Geschichte

Ich hatte Mittlerweile auch schon die Berufs-Routine verinnerlicht, zu nachtschlafender Zeit aufzustehen, auf leeren Straßen durch die Nacht zum Dienst zu fahren oder sich fremd fühlend in Ferienunterkünften oder billigen Gästehäusern aufzuhalten, wenn im Wechsel der Schicht von Mitte auf Früh die Zeit nicht für die Heimfahrt nach zu Hause reichte. Zumeist, wenn das Wetter zum Frühdienst nicht mitzuspielen versprach und sich zu 2 Fahrtstunden von zu Hause noch eine Stunde Puffer addieren sollte. In einem Beruf, in dem der Wechsel von frei zu früh nach spät, dann off und wieder früh erfolgt, ist es doch sehr strapazierend vor 8-11Stunden Flugarbeit (Blockzeit) hinzugezählt noch eine Stunde Check-in und 2 Fahrstunden vorzuschalten. Hier muss ich nach vielen Jahren im Geiste Abbitte meinen Abendrealschülern gegenüber leisten, die über die Last der Schichtarbeit fabulierten, worauf ich für mich Gedanken über deren Getue zuließ, für die ich heute nach 30 Schichtjahren tiefste Reue aus eigener gemachter Erfahrung empfinde. Schichtarbeit steckt man in den ersten 5 Jahren weg, 10 Jahre kompensiert man Müdigkeit oder Erschöpfung mit Routine und 15 Jahre erduldet man die Konsequenzen eines total missbrauchten Biorhythmus mit ständiger Erschöpfung von der man auch durch Urlaub nicht geheilt wird.

Aber das ist eine andere Geschichte.

Eine verschwiegene, weil ungeliebte Wahrheit!

Wissen Sie, was Einsamkeit ist? Nein, dann werden Sie doch Pilot oder Pilotin. Viele Menschen, tolle Crews, nette Gäste, Interaktion und soziale Kontakte. Heiße Frauen und Coole Jungs, Sterne-Essen (weil sie nachts unter Sternen fliegen), horrendes Gehalt und alle Chancen die diese Welt bietet! -- Catch me, if you can! Hollywood in Höchstform, aber nicht die normale Alltagswelt der Crews. Das war das Leben von Flugbesatzungen, vielleicht von Einst, in den Anfängen der Zivilluftfahrt bis Ende der 80iger. Seither sieht die Welt etwas weniger glamourös aus. Sie arbeiten mehr oder weniger auf B 220 x L 180 x H 170 cm, regelmäßig zu zweit, manchmal zu dritt mit Checker oder Observer in einer von Dauerlärm (Funkverkehr-Backup über Lautsprecher, Windgeräusche, Zischen der Aircondition, Ventilatoren der Instrumentenkühlung etc.) ursächlich der notwendig intensiven Luftzirkulation gekennzeichneten Welt. Tag für Tag müssen Sie sich in dieser intimen Distanz für 3-12h (maximal 14h) arrangieren, mit einem Kollegen, einer Kollegin mit der eigenen Müdigkeit kämpfend oder der Erschöpfung des anderen konfrontiert, mit Stress, mit der Forderung nach andauernder Aufmerksamkeit, ständiger Funkroutine, angereichert mit Navigations- und Flugführungsaufgaben, Essen, Toilettentiming (Je schlechter das Wetter, um so leerer sollte die Blase sein), denn nichts nervt so sehr wie solcherlei Leidensdruck bei einem GoAround bei schlechtem Wetter. Doch es gibt noch eine Steigerung: Verschleppte Darmgrippe mit dem Stress, ob man die nächsten 10 Minuten im Anflug noch aushält oder Lebensmittelvergiftung, wenn zum Beispiel der Kollege im Anflug auf Genf sich nach den Worten: „You have control" als bis dato Pilot Flying sich und die Flugzeugkontrolle übergibt und im Anschluss für eine Nacht das dortige Spital bewohnt. Gell Winfried.K. Sorry, ich musste das Erzählen.

Das passt nicht in Ihre Vorstellungswelt, das ist aber Realität, wie auch die gelebte Einsamkeit bei Mehrtagesreisen. Wie war das doch zu Beginn meiner Karriere. Tagesdienste und schlafen im eigenen Bett. Dann einzelne Übernachtungen, schließlich immer mehr zunehmend „Ketten" von Dienstreisen aber noch als Crew gemeinsam. Ich füge an dieser stelle einen offenen Brief an, den ich damals ans Management Herrn Heideker schrieb, zu einer Zeit als ich noch an ein ehrliches Wort (Hans Hartz: „Auf ein Wort") glaubte und davon überzeugt war, dass konstruktive kritische Ratio keine nachtragende Befindlichkeit eines Vorgesetzten begründet. Auch ein Irrtum, wie ich gelernt habe. Manager vertragen keine Kritik, Sie lügen wie viele Politiker, wenn sie das sagen. Es gehört ab einer bestimmten Stufe dazu, sich nicht mehr hinterfragen zu lassen. Aber, wenn man sieht, etwas läuft schief, dann kann man weggucken oder handeln. Und das verbale kreativ kritische konstruktive Handeln macht man nicht als „Depp" der anderen, sondern aus innerer Überzeugung! Ich musste somit hinweisen und kritisieren, für mich und nicht als Werkzeug der oder für die Anderen!! Umläufe, in der Anfangszeit waren point to point mit 2-4 Strecken als Heimschläfer, oder wie ein Kollege einmal sagte, Max.V: „ich bin gerne ein „Heimscheißer", und begannen dann langsam, vereinzelt, „ausnahmsweise" laut Crew-Control mit einer Übernachtung, dann allmählich anwachsend mit 3, schließlich bis zu 5 Tagen und sahen so aus: Man kam morgens zum Briefing, war zu dritt oder je nach Größe des Flugzeugs später mit bis zu 7 Leuten und man wusste, man kehrt gemeinsam mit der gut bekannten

Truppe zurück, evtl. noch mit After Landing bzw. einem Sekt Orange im Crewraum als Resteverwertung.

Das war einmal. Heute kommt die Crew eher, zusammengepuzzelt aus allen in Reichweite verfügbaren Stationen, aus dem Hotel mit Anreise am Vortag, mit dem Crewshuttle von einer anderen Base im 300km Umkreis, um sich kurz kennenzulernen beim Briefing, um gemeinsam zu arbeiten, um dann alle zusammen ins Hotel zu gehen oder, im Zeitalter der Effizienz, zerrissen zu werden. Die CEO´s oder Chief (Häuptling) Executive (ausführender) Officer (Befehlshaber), heute auswechselbare Aktienkursoptimierer ohne Nachhaltigkeitsambitionen interessiert Menschenführung nur am Rande. Fürsorgepflicht kennt man nur für Bilanzwerte! CEO= Care Engagement Off!! Der Mensch als Nummer muss funktionieren und hat keine sozialen, physischen oder gar psychischen Ansprüche zu haben. Das zeigt sich im gewandelten Alltag der Crews und dem angespannten Verhältnis Crew zu Crewplanung. Allerdings sei hier nicht unerwähnt, dass es in diesem Verhältnis Crew-Control Piloten Gleiche, Gleichere und konziliante Rosinenpicker gibt, das sind die Herr- oder Damenschaften, die die meisten Überstunden einfahren bei der geringst möglichen Verschwendung eigener Lebenszeit. Gemeint ist hier, dass man mit 19 Arbeitstagen à 4 Strecken innerdeutsch 80 h erfliegen und somit 11 Überstunden loggen kann und ziemlich knülle ist oder man 9 x Kanaren fliegt, dieselbe Anzahl Überstunden erreicht oder nach 11 Arbeitstagen das monatliche Flug-Limit erreicht und das mit 21 Überstunden und… viel Freizeit.

Aber das ist eine andere Geschichte

Um den Faden wieder aufzunehmen, hier nun der Tagesverlauf im Weiteren: Also fliegt hier unser durchschnittliches „Line Schw…"(Schwarzwild), wie sich Crewmitglieder selbst bezeichnen, noch zu einer anderen Destination mit anderer Crew auf einer anderen Maschine. Gewürzt wird die dienstliche Reise, das proceeding oder die Umsteigetätigkeit dann noch mit der Dauersorge ob des eigenen Gepäcks, muss dieses doch qua Vorschrift des Arbeitgebers im Baggage- bzw. Cargocompartment oder Crewhold verstaut werden, aus dem es regelmäßig unbeabsichtigt ausgeladen wird, um dann stunden oder tagelang verschollen zu sein. Und glauben sie ja nicht, Ihren Arbeitgeber interessiert das! Denn vor dem Dienst ist hui, nach dem Dienst pfui oder eben ihr Problem. Dann bleiben da also noch zwei Crewmitglieder, die sich auf den Weg ins Hotel machen, der eine über Nacht, die eine für eine Tagespause oder so genannten Daystop, um abends noch eine Strecke aktiv abzuarbeiten. Ein weiteres Crewmitglied fährt nach Hause mit dem Crewshuttle mit 2-4 Transportstunden, 2 Crewmitglieder bleiben direkt on duty und kommen später zurück und ins Hotel, da Sie noch 2 weitere Strecken fliegen. Tausende Möglichkeiten der modernen Effizienzplanung...

Anm.: Beim Schreiben und den Gedanken über den Wert eines Mitarbeiters fällt mir übrigens auf, daß HUM (Human Remains), die Abkürzung für zu transportierende sterbliche Überreste eines Menschen auch mit HR (Human Resources) die Abkürzung teilen könnte?

Doch zurück zum eigentlichen Umgang mit den menschlichen Ressourcen oder Arbeitsmitteln:

….Das Team ist in seiner Gesamtheit nur noch bei der

direkten Erbringung der Arbeitsleistung von Interesse. Vor dem Dienst VIP nach dem Dienst Kostenfaktor. Im Hotel angekommen warten auf die Zimmer. Die Truppe in der endgültigen Verstreuung. Der eine hält Mittagsschlaf, der andere muss was Essen. Mit wem hat man noch die Option am Abend selbst weg zum Essen zu gehen? Über den Arbeitgeber zu quatschen ist ob all der negativen Statements müßig, der Cabin Crew beim Shoppen zu assistieren verliert auch seinen Charme über Jahre hinweg und eine hanebüchend unterbezahlte Cabincrew zum Essen einzuladen ist bei den Preisen in den Metropolen eine absolute Ausnahme. Also geht jedes „Bruchstück" oder jede verbliebene soziale Kleinsteinheit seiner Wege und so verzieht sich die „Cabin" häufig auf's Zimmer, um miteinander oder alleine ein bisschen mit vom Flieger mitgenommenen Crewmeals (toller Ausdruck für jahrelang gleiche Tiefkühlkost von Chicken oder Ratatouille oder Pesto) Crackern oder Sandwiches den Abend zu „verzaubern" und Geld zu sparen oder um überhaupt etwas zu Essen.

Anm.am Rande:

British Airways Crews hatten früher die Wertschätzung, deren Managements und deren eingesetzter Hotelkommission, die Tagesspesen wertschätzend der geleisteten Arbeit des Mitarbeiters an das obere Speisen- und Getränkesortiment des Sternehotels in dem die Crew nächtigte, anzupassen, damit ohne Scham und Arbeitskraft erhaltend deren Crews das Hotel nicht verlassen mussten, um sich bei Pepe um die Ecke mit Junkfood versorgen zu müssen. Nein, BA Crews konnten deren Gästen sozial auf Augenhöhe im Hotel gegebenenfalls begegnen. Seit jedoch, verzeihen Sie mir den Ausdruck, jeder Manager oder Führungsbauer (ich hoffe den Bauern unter der Leserschaft nicht zu nahe zu treten und weise auf den Landwirt als qualifiziertem Manager seines Ökobetriebes hin) mit Volkshochschulabschluss und dümmlichsten Machersprüchen und Motivationsparolen aufzutrumpfen versucht, ist die Antastung der Menschenwürde Alltag!

Gegen Ende der AB kam noch so ein Supermann-Chef aus der Schweiz, dessen veröffentlichte Selbstdarstellung ob ihrer lächerlichen Aneinanderreihung reklamierter superlativer Charakter-Eigenschaften und daraus derivatisierten Fähigkeiten eigentlich eher als Real-Satire durchginge!

(http://www.aviatiksymposium.ch/index.php/symposium-2016/referenten/lucas-ochsner)

Diese Selbstbeweihräucherung zeigt allerdings die Diskrepanz zwischen der Selbstwahrnehmung von Managern und der, glauben Sie mir, Realität ihres Handelns, welches sich allzu oft im verbreiten total hohler Motivationsphrasen erschöpft. Woran das liegt? Totale Selbstüberschätzung mit einem exorbitanten Gehalt und in Ermangelung von Empathie für die langjährige Belegschaft, die zu Steigbügelhaltern verkommt. Die firmenübergreifenden Karrierespringer mit Boniköder fühlen sich als begehrte Management Champions, die nicht verstehen, daß sich eine Belegschaft nicht im Vorbeigehen mit geheucheltem Interesse motivieren lässt. Vertrauensvolle Nachhaltigkeit ist das Zauberwort, durch Dick und Dünn, kein Career-Jumping.

Aber das ist eine andere Geschichte

Somit bleibt an dieser Stelle allerdings auch wieder einmal ein Hilight zu erwähnen, der Nightstop im Süden. Es ist gelegentlich der Strandbesuch, den gibt es wirklich noch. Alleine oder mit Kollegen, was den Vorteil bietet, dass mitgenommene Wertsachen nicht verschwinden, gehört doch der eine oder andere Strand tageszeitlich quasi deiner Firma und deren Mitarbeitern, die abwechselnd auf die Valoren des badenden Kollegen, der Kollegin achten, während sie sich über die Firma lästernd die Zeit vertreiben. Der Rest sind solo Spaziergänge bis zur Bettschwere oder Glotze glotzen, es sei denn Checks stehen an und man entspannt beim Dauer-Lernen. Crews mit denen man mal ein Musical, Kino, Theater, Landesmarkt oder z.b. den nächtlichen Umzug der Büßer in PMI im Frühjahr besucht, sind eher die Ausnahme. Als Crew sind sie zur Einsatzmasse (resource) für Flugdienste verkommen. Zu menschlichem Rohstoff, ein englisches Unwort, welches schon alleine wegen dessen Interpretation gemäß unserer jüngeren Sprachvergangenheit ein „Gschmäckle" hat, wie der analysierende Schwabe es zu bewerten weiß. Der Shareholder braucht zweistellige Renditen, Sie als „Einsatznummer" brauchen nur Schlaf, Essen und kurze Freizeiten, um zu funktionieren, mehr nicht, oder sehen Sie das anders?

Übrigens Nutrition (Aufnahme von organischen oder anorganischen Stoffen, die in der Nahrung in fester, flüssiger, gasförmiger oder gelöster Form vorliegen) ist ihr Unwort für Ernährung. Man ernährt sie mit Snacks und langweiligen Mahlzeiten, die der Definition, auch optisch entsprechen. Und da es neben Fatigue (wissenschaftliche Studien zur Erschöpfung gibt) auch Erkenntnisse zur Ernährung gibt und daraus Regeln und Vorschriften entstanden sind, erhalten sie 15 Minuten Nutrition Zeit zugestanden am Ende des Arbeitstags. Fürsorglicher Zynismus sieht so aus.

Aus Studentenfutter wird Pilotenfraß!

Der soll sich nicht so haben, das Essen gibt's doch umsonst! Höre ich den einen oder andern sagen.

Stimmt. Tausche gekauftes Essen gegen Frühstückspause sage ich da nur und Skylounge gegen Speisekarte mit Abwechslung.

Aber selbst an den Einheitsfraß wollten die CEO's als Einnahmequelle zur Maximierung Ihres Erfolges ran. (Ich darf Ihnen doch noch ein Lied empfehlen, welches für größere Gesellschaften bzw. Firmen gilt in puncto Wahrnehmung von Realität gilt. Reinhard May: „das Narrenschiff" und „Sei Wachsam")

Aber das ist eine andere Geschichte

Der Zeitpunkt in dem Sie als Pilot zur Destination fliegen , an Bord bleiben und zurück im Crewrest schlafen, um in Folge erneut zu fliegen rückt näher. Leben, Arbeiten, Lieben, Lachen im fliegenden Jugendherbergsambiente. Aus „U2000 Tauchfahrt des Grauens", ein Schwarz-Weiss-Schocker aus den Tagen meiner Jugend, wird „Ü45000 grauenhafte Luftfahrt". Auch der Einzelpilot (Single Hand) mit Backup durch eine bodengestützte Flugsicherheitszentrale (vgl. Drohnen), die notfalls übernimmt wird sicherlich die Techniker und Ingenieure bereits Umtreiben und die Shareholder via eifernder CEO`S frohlocken lassen. Schöne neue Welt der Luftfahrt. HumanResource, der leidige Kostenfaktor optimiert durch ersatzlose Streichung von Humans. Human Resources, ein menschenverachtendes Schlagwort, daß den Menschen in Würde zur Farce degradiert. Wenn „Würde" nicht Konditional wäre würde Würde etwas bedeuten!?

Bis dahin werden Einsatzpläne optimiert, Ruhezeiten minimalisiert Familienwochenenden eliminiert kurz der Mensch maschinisiert.

Exkurs

Nachdem sich Ärzte und andere im Schichtdienst auf Regelungen vergleichbar Piloteneinsatz und Ruhezeiten beriefen und einiges erreichten wurden eben diese Bedingungen bei den Piloten verschlechtert. Maßgeblich mittels Lobbyarbeit in Brüssel hat man menschenverachtende Zeitprofile zugelassen.

11 Std u.m.Tage etc.pp.

Ein typisches Kurz u. Mittelstreckenprofil dabei ist:

Aufstehen um

3.30 Uhr, Wecker

fertig machen,

Fahrt zum Check In

0445 Uhr, Flugvorbereitung Briefing

0600 Uhr Abflug

4 Legs = 4 x 1,5 (– 2h) Flugzeit,

Essen während des Fluges, dazwischen
Funkcalls, Routineunterbrechungen

45 Minuten Bodenzeit, Zwischen den Flügen
Tanken, Checks, Flugvorbereitung,
Sonderaufgaben Technik etc

1445 Uhr Letzte Landung
1530 Uhr Checkout

Sie haben mehrere Kaffees charmant serviert konsumiert, ein
Sandwich mit Salami oder Chicken gratis bekommen ,wobei
die Optik (: „man ist der anspruchsvoll") gemeint ist der
Aufstrich mehr als fragwürdig aussieht, und ein hot Crew
Meal erhalten, was ebenfalls wegrationalisiert werden sollte.
Das wird noch kommen, augenblicklich empfindet man es
wohl noch als zu dreist, ist es doch Bestandteil eines
pausenlosen Arbeitstages Sie leben, brauchen (Nutrition)
wirklich was zu essen, sie sind zu teuer!

Wie geht die Woche weiter?

Sie arbeiten

    3 mal früh,

dann, Folgetag

    12-14 Uhr Check-in

und

    2130-2230 Checkout, dann kommt Minimum Ihr 36 h Wochenende,

d.h in diesem Fall ca 54h oder ca. $2^{1/4}$ Nächte

Sie beginnen wahrscheinlich am übernächsten Tag früh (ein Angestellter im Vergleich geht Freitags gegen 14Uhr und kommt Montags gegen 9Uhr zurück nach ca. 67 Stunden, 3 Nächte)

Der ist ja gar nicht so dramatisch höre ich sie sagen. Stimmt!

Ach so, da war ja noch was?

Zu dieser Schichtarbeit kommen noch 1 bis 3 Bereitschaften mit 90 Minuten Vorlaufzeit von z.b. 03 nachts bis 17 Uhr dies als möglicher Bereitschaftsblock mit bis zu 5 Tagen Reiseeinsatz und der Nettigkeit an anderer Front, daß ihre 4 Freien Tage am Stück, die auf monatliche Anfrage zusammenhängend oder ähnlich je nach Tarifvertrag gewährt werden, immer aus einem Späten Dienst beginnen und mit einem frühen Dienstbeginn enden. Im übrigen weiß ja jedes Kind, wie entspannt man schläft, wenn jederzeit ab 3 Uhr nachts das Telefon Klingeln kann! Und es klingelt!!

So geht Effizienz und aus 4 freien Tagen wird für den Mitarbeiter mit einem Ausschlaftag (Tag1) und ein Früh-zu-Bettgehtag (Tag4) deren freie Verfügbarkeit relativiert.

In der Regel gibt es nur ein planbares Wochenende im Monat und befreundete Anrufer die sich meldeten mit den Worten : „ habt ihr Lust am nächsten Samstag zum Grillen zu kommen, der oder die kommen auch?" wurden meist mit Antworten wie dieser, "eigentlich gerne, aber leider zum wiederholten Mal nicht, da bin ich in PMI oder TXL oder... oder....oder.... oder muss Bereitschaft ableisten" abgegolten. Im Pseudo-Idealfall eher: „Schauen wir mal, wir können sicher bis 22 Uhr bleiben, ich darf aber nichts trinken oder ich gehe früher oder..."

Ihr Freundeskreis leidet darunter deutlich.

Ihre Partnerschaft evtl. auch.

Piloten verdienen ja relativ gutes Geld! Wissen Sie warum wohl? Es ist Schmerzensgeld und die meisten müssen 2 Familien ernähren.

Zumeist ist erst der 2te Partner aus der Branche selbst dazu in der Lage solch eine Vita zu verkraften!

Aber das ist wohl eine andere Geschichte?

Es gibt aber auch zu jeder Zeit bzw. Lebensepoche Momente, von denen man nie genug bekommt. Die Momente, in denen alles rund läuft und die einem in guter und damit nachhaltiger Erinnerung blieben oder die auf Dauer lebendig bleiben. Oder die Momente in denen eigene oder Fremde Erlebnisse die Erfahrung schulten.

Und davon möchte ich mehr erzählen.

Für mich galt eigenverantwortlich immer die Regel. Dienstende ist die letzte sichere Landung, dies muss aber nicht der eigentliche Zielflughafen sein.

Anekdote

Friedrichshafen,Winter, letzter Anflug Non Precision RWY 02 (über den See), schlechte Sicht.

Capt.	Wolfgang I.,	
F/O:	Tom P.,	
F/A:	Sandra	M.,Chefstewardess,
Ausbilderin		
Gäste	33	
Delta Air	Crew	
Saab 340	von Crossair	
ich meine	LH callsign	

Am Minimum F/O „Minimum" GoAround

Der Capt. „glaubte" wohl etwas zu sehen flog weiter und landete links von der Bahn in einer Schneewehe. Linkes

Fahrwerk beschädigt (weg geknickt), linke Fläche lädiert, Kerosin heraustropfend

Capt steigt aus, um Schaden zu „begutachten" (wohl im Schock)

Keine selbständige Evakuierung seitens der Senior FB!

Kein selbständiges Handeln des F/O!

(Erinnern Sie sich an Heinz.Karl.:„Gell Bua, des isch der Onderschied zwische Deorie on Braxis!!")

Warum erzähle ich das hier?

Worst Case von Stalldrang, worst case der Situation mit drei involvierten Interessen Delta,(Crew), Crossair (LFZ), LH. (Callsign)

Es gab immer wieder Situationen bei denen Technikprobleme away (fern) homebase noch flugakzeptabel und on homebase (zu hause) eher cancelrelevant (streichfavorisiert) betrachtet wurden. Eine Sichtweise, die einigen Kollegen wie z.B. Nils.Ö. unterstellt wurde, einem Kollegen mit dem sich eine lange Bekanntheit aber eher negative, als positive Erinnerungen verbinden. Übrigens eine Sicht der o.g. Problembeurteilung, die ich für mich so nicht akzeptiere mit Passagieren. Die Sicherheit geht immer vor! Eine Einstellung die ich zum Teil auch meiner privaten Reisetätigkeit (10 und 14 tägige Wildnistouren zu zweit mit Kanu und Schlauchboot in Kanada und Alaska) verdanke. Der Grundgedanke: Alles ist planbar aber nicht alles planbare ist vorhersehbar hält das innere Misstrauen lebendig. Dazu noch etwas mehr bei meinen Reiseerinnerungen und meinen daraus derivatisierten Weisheiten, die sich auch an Murphy´s Law (wenn irgend etwas schiefgehen kann, dann geht es schief) und Herrn Eder`s Pumuckl, und dem Gesetz des Suchens wichtiger Dinge, orientieren (schon wer verheiratet ist, versteht was ich meine!)

Doch dazu komme ich noch….

Solcherlei Denken hat natürlich auch manchmal Konsequenzen.

Mich hatte es dereinst meine Supervision-Berechtigung gekostet, als wir in STR, EDDS ein technisches Problem hatten. Die Ruderblockiervorrichtung am Boden (Gustlock) war defekt. Dies System blockiert das Seitenruder und Höhenruder bei der SAAB 340 am Boden gegen Windeinflüsse. Ein Problem, welches man lösen konnte, in dem man eine Handöffnung abschraubte, einen Quickpin entfernte und eine elektrische Verbindung trennte. Auf meinen Einwand gegenüber dem damaligen Flugbetriebsleiter, ich wisse es, sei aber wohl dazu nicht befugt, wurde mir bedeutet, dies zu tun und man rufe zurück. Ich telefonierte hernach mit dem LBA, schilderte den Fall anonym und wurde in meinem Vorbehalt bestätigt. Als Meyer R. Erneut anrief, wie weit ich denn jetzt sei, teilte ich meine LBA Info mit. Mit tiefer Entrüstung seinerseits und den Worten: „Was, Sie lassen meine Anweisung vom LBA überprüfen" wurde aufgelegt. Der Flieger blieb AOG=Aircraft On Ground (Flugzeug nicht Einsatzfähig) bis ein Techniker von Friedrichshafen angereist, das Problem löste. Damit übernahm dieser korrekt die Verantwortung für die sachgerechte Ausführung seiner Arbeit am LFZ, auch anderen Kollegen gegenüber. In der Luftfahrt geht es meiner Meinung nach stets um den Sieg über Murpy´s Law und die Devise: Was wäre wenn in negativer Hinsicht!

Einige Tage später, Meyer R. war auf Umlauf in Stuttgart im Hotel am Schinderbuckel (wie sinnig) wurde ich einbestellt und mit den Worten: „Ich brauche einen Supervisor der anderen Kapitänen sagt, was sie dürfen, nicht, was sie nicht dürfen", meiner Supervisorfunktion enthoben.

Was Nils Ö. anging. Er war oder ist eher eine traurig, tragische Figur. Traurig gemäß seiner privaten Vita mit Beziehung, Enttäuschungen etc. Tragisch, vielleicht ein zu mächtiges Wort zu seiner Rolle im Cockpit. Heute ist er Supervisor, war er doch stets ein angepasster Kollege, der eben tat, was man ihm sagte und eher still seine Interessen verfolgte. Er war der einzige Pilot dem ich jemals die Kontrolle abnahm. Saab 340, Kopenhagen in der Supervision machte er zur Landung einen Fehler, den man nur bei absoluten Anfängern erwartet. Landung Abfangen mit zuviel Höhenruder, Nachlassen mit Bounce, Abfangen mit zuviel Höhenruder, Nachdrücken mit Bounce etc.pp. Ironische Claerance: Hüpfen sie weiter bis zum Vorfeld" aber Spaß beiseite. Sachlich betrachtet führt diese „Reiz Reaktionskette" zur Unkontrollierbarkeit bzw. möglichen Landung mit dem Bugfahrwerk zuerst und unkalkulierbaren Konsequenzen. Also „I have control" und die Landung selbst vollendet.

Jahre später auf Alicante mit Nils.O.auf Jumpseat für Linecheck wollte ich einen Standard Approach fliegen und Nils. meinte, wir könnten doch abkürzen, das Wetter sei ja gut. Leider habe ich mich breit schlagen lassen und der approach wurde high wegen Bergen und die Sicht einschränkender Clouds und wir wurden spät visual final gecleared. Endergebnis aus Shice Gold gemacht aber Vref (Soll-Geschwindigkeit) + 20Kts (Knoten) bis 200 ft vor Landung knapp mit Vref + 10, gelandet, Abrollen 1st Highspeed left. Betretenes Schweigen. „War wohl etwas schnell, per Definition unstabilized unter 1000ft respektive 500ft." Ist aber schon noch o.k. Dann nach Rückflug STR. Checkout Anruf auf der Heimfahrt. "Du ich hab Dir doch partially failed eingetragen", was Grounding und 3 Supervisionflüge für mich bedeutete. Mir sei noch eine Bemerkung erlaubt. Piloten, die sich vor Stressphasen, Schlechtwetterlandungen etc. die Handflächen am Oberschenkel abreiben sind die Hommes fatales der Luftfahrt! Gell Nils!

Lassen Sie uns erneut in Erinnerungen schwelgen.

Schön waren die Zeiten immer dann, wenn man mit Kollegen, die omni-interessiert waren und mit Blick über den Tellerrand ausgestattet, unterwegs war.

Da gab es Andreas R. Ein Charmeur und Multitalent, der bei gegebenem Instrument (Klavier) virtuos, auch einhändig spielte, in der anderen Hand das Glas Rotwein haltend mit den Damen flirtete.

Seine hohe Stirn über dem freundlichen Gesicht zierte allerdings eines Tages eine genähte Narbe, die er sich beim Festmachen der Propeller im Nightstop bei Wind von ebensolchem Blatt hatte zufügen lassen. Er trug es mit Haltung ob seiner eigenen Ungeschicklichkeit.

Eher in Erinnerung, da gemeinsam erlebt und das ist kein Fliegerlatein, sind allerdings folgende Ereignisse.

Auf der Saab 340 gab es häufiger Ferry-Flüge, d.h. aus technischen Gründen musste ein Flugzeug ohne Passagiere von einem Flughafen zurück nach Friedrichshafen (anwesend nur die Piloten) oder es fehlte eine Maschine für einen Einsatz ex Außenstation (anwesend gesamte Crew) wohin man dann Ferry flog.

Wir waren jung, hatten einen tollen, leistungsstarken, weil leeren, Flieger zur Verfügung, ohne den heute üblichen Schnell-Auswertungs-Rekorder (QAR Quick Access Recorder) zur Routine-Überwachung.

Also los. Alles verzurrt und gesichert. Abheben und Level Off nach Gear up in 50ft. Speed aufbauen leichter Steigflug, Klappen rein. Bei ca.1000 Fuß dann ziehen bis in den Horizont und hernach Andrücken manchmal bis die Engine Low Oil Audio Warnung (der Ölsumpf liegt bei negative „G" oben unerreichbar für die Saugröhren) kommt und siehe da, der Kugelschreiber schwebt wie in der ISS für einige Sekunden. Dann wieder steigen, der Kontroller soll ja nicht böse werden. Dann beobachten wie der vergessene Restkaffee auf der F/O Seite vom Becher tropft und sich schlapp lachen über des Kollegen Missgeschick.

Am nächsten Tag war ich dran, ich hatte allerdings meinen Kaffee komplett vergessen.

Beim Andrücken dann kriecht der „Schlauch" oder die „Wurst" aus braunem Milch-Kaffee, wie bei Abyss, aus dem Becher (du weißt, du hast´s vergeigt) und sucht sich, nachdem du dieses schwerelose zauberhaft wabernde

Flüssigkeitsgebilde bewundern durftest unter dem Einsetzen von positiven G-werten geradlinig als Landeplatz den Raum unter sich. Vermutlich von Luftströmungen beeinflusst und vom anfänglichen Impuls abgelenkt ist das aber nicht dein Kaffeebecher sondern Dein geöffneter Flugkoffer mit allem Flugkarten und Dokumenten darin. Aus Sekunden physikalischen Experimentierens wurden Stunden des Aufräumens und Säuberns und der Nachbestellung verklebter Karten.

Das war die späte Strafe dafür, wenn wir das, gut vorbereitet, neugierigen anwesenden Cabinen Crews vorführten, die häufig danach im Innern der Servicetrolleys ein totales Chaos aufräumen mussten. Der Fluch der Schwerelosigkeit!

Andreas verschlug es zu einer anderen großen Fluggesellschaft.

Eine Erinnerung habe ich auch noch ihn betreffend.

Es war kein Flug mit ihm, nein, er hatte nur das Bedürfnis mit einem Kollegen zu sprechen, um Stress abzubauen, wir hatten an ihn und seinen Captain Tobias S. mittags den Flieger in Stuttgart übergeben.

Was für ein Tag war das?

Die Alpen lagen in einem fürchterlichen Nordstau, d.h. wir hatten Westwind Jets mit 140 (250km/h) Kts, die noch in 20000 Fuss (7000m) und niedriger mit hohen Windgeschwindigkeiten für abartige Turbulenzen sorgten. Wir kamen von Venedig zurück und wurden bereits tüchtig auf FL 100 (3000M) gebeutelt. Jeder Flieger in Alpennähe hatte zu kämpfen.

Eine Erfahrung ohne Worte zu der sich noch folgende Erfahrung mit Worten addierte. Offensichtlich bekam ein Kleinflieger Piper Seneca keinen Kontakt mit ATC (Air Traffic Control) und rief verzweifelt um eine Steigfreigabe. LH xxxx wollte ebenfalls einen anderen Level und insistierte unentwegt, obwohl bereits über 20,000 ft und eigentlich fliegerisch bereits in „trockenen Tüchern" Wir boten uns an für die Piper das Funkrelay (Nachrichtenübermittlung) zu ATC (Luftverkehrskontrollstelle) zu machen, was etwas zeitintensiver ist, da man sozusagen der Mittler für 2 Sprecher ist. Das Wetter war grauenhaft und irgendwann bemerkte der Jet-Hanseat sie wollen endlich steigen und diese intensive Nutzung der Frequenz sei nicht akzeptabel. Diese egoistische Einlassung ist mir immer in Erinnerung geblieben. Für den Kollegen unter uns war Stress pur und Arbeitslast 100++ und die Herrschaften mussten mit Ihrer Freigabe warten. Zugegeben, es war der eine von 2 mir erinnerbaren Tagen, an denen ich mir Gedanken um die Struktur der Flugzelle machte. Die Passagiere kotzten alle, der Autopilot versagte den Dienst und die Instrumente waren im Schütteln und Schlagen der Turbulenzen phasenweise nicht ablesbar.

In Stuttgart angekommen waren wir auch physisch ausgelaugt.

Aber man ist jung und packt auch noch den Flug Turin und zurück.

Highlight dabei war, dass wir, bedingt durch den Temperaturanstieg im Südföhn unsere Höhe nicht halten konnten, wir mussten sinken, was bei italienischer hektischer Gelassenheit und mehrfacher Nachfrage genehmigt wurde. Aus heutiger Sicht hätte man nach der ersten Erfahrung die folgenden Flüge streichen sollen.

Also Andreas rief mich an diesem Abend nach Rückkehr aus Turin an. Er teilte mit, er dachte sie würden heute sterben.

Sie sind wohl nach dem Abheben vom Wind derartig versetzt worden, daß ein Hindernis bedrohlich nahe kam und er sein Sekündchen gekommen sah.

Andreas war ein sehr qualifizierter Kollege und seine Betroffenheit lehrte mich zusätzlich, daß es Grenzen gibt, die man nicht überschreiten sollte.

Diesbezüglich muss ich hier noch eine Jugendsünde beichten, für die ich mich im Nachhinein schäme, aber man war Jung, hatte keine Kinder und war unsterblich.

Also führte ich einem Copiloten vor auf einem Ferry-Flug vor, was er anzweifelte, möglich zu sein, in Stuttgart gen Osten 07 zu landen und bei H(otel) noch manierlich abzurollen. Sehr kurz!

Ich kann sagen, daß es möglich war, ich durfte allerdings hernach die Luftaufsicht anrufen, mich dort melden und mich erklären. Man hatte unseren Anflug mit dem Fernglas mitverfolgt und zu Recht bemängelt.

Das war das Ende mir bewusster „Husarenstücke" aus meiner „Pilotenjugend"

Zu dieser Zeit machte man erstmalig Bekanntschaft mit neuer Wertschätzung seitens des neuen Geschäftsführers Richard Heideker. Seines Zeichens Sohn eines Busreiseanbieters.

So war seine erste Maßnahme als Delta Air Newcomer die Einführung eines Obolus von 50 Pfg. für morgendlichen Kaffee. Denn es hatte sich eingebürgert bei der Belegschaft, morgens, um wach zu werden, einen Kaffee aus der von Lore

W. bereit gestellten Flugzeugthermoskanne zu ziehen. Bei Lore, der Catering Koryphäe traf man sich und startete in den Tag. Lore war ständig am Neues ausprobieren. Wie sah eine Speise auf Porzellan nach Stunden aus, welcher Joghurt hielt die Konsistenz usw. Kleinkunst ab 2Uhr nachts. Eine Seele von Mensch, wie man sie immer nur in Kleinunternehmen findet, wo ein bisschen mehr Zeit auch ein menschliches Miteinander erlaubt aber auch die Motivation, gute Arbeit dem Team bereitzustellen, exponentiell wächst!

Also machte sich die neue Ära bemerkbar. Erstmalig Griff ins Portemonnaie der Belegschaft vom GF und Absolvent vom Haufe Grundlehrgang „Wie Pay-Kaffee ihre Rendite steigert" In meinen Augen Tumbheit, weil gerechnetem Zugewinn von Kaffee Einnahmen unberechenbare Motivationsverluste entgegen stehen. Aber vielleicht auch nur der Aufreger mit dem man von schlimmeren Interna´s ablenkt. Was noch auffallend war, die Vehemenz mit der dieser Luftfahrtlaie durchsetzte, daß entgegen aller Expertise 5 x SAAB 2000 für 110 Mio angeschafft wurden statt piloten- und gäste-favorisiert ein kleineres Jet-muster: Vermutlich ein unschlagbarer Deal, der uns „naiven" Piloten in seiner ganzen finanziellen Dimension wohl entgangen ist, zu verstehen?

Das Pilotenleben wurde allmählich zur Routine und die kleine Delta Air wuchs auf zeitweilig bis zu neun Saab 340 im Jahr 1995 an. Dazu gesellten sich von 1995-1997 noch 5 Saab 2000 und etliche (bis zu 22) Boeing 737 seit BA einstieg und mehrheitlicher Übernahme von Delta Air 1992 .

Anekdote:

Zur Aussage-Qualiät von Statements allgemein und hier im Speziellen seitens eines Geschäftsführers/CEO´s anlässlich einer Weihnachtsfeier (ja, das gab es tatsächlich einst) der Delta Air.

Es war auf einem Boot der Bodenseeflotte, welches im Hafen von Friedrichshafen als „Festsaal" gechartert worden war.

Von uns Propeller-Piloten wurde damals die Fokker 100, nahezu baugleich mit MD82 favorisiert als Substitut für SAAB 340.

Da man Piloten stets mit Jets locken kann und je größer desto mehr „baute" Herr Sutter, der Chef der Crossair und mit eingebunden in irgendeiner bestimmenden Funktion gegenüber der Delta Air (investierende graue Eminenz) folgende Aussage ein in seine Weihnachtsansprache: „Hiermit verspreche ich Ihnen heute Abend, wenn Sie mir ein lukratives Streckenprofil für MD82 nachweisen, daß wir noch einmal über deren Anschaffung reden werden".

Hallo, ein Versprechen zu reden? Warum nicht Angeln zu gehen oder einen Besuch in der Sauna?

Meine Kollegen jubelten, während ich mir der Nichtigkeit dieser Aussage im Hinblick auf das neue Flugzeugmuster wohl als einziger bewusst war. Eben typische Worthülse leitender Angestellter mit Motivationsabsicht.

Nenne ein großes Flugzeug-Muster mit Turbinen, lass laut das Wort „Versprechen" und im Abgesang viel leiser „zu reden" fallen und Mann oder Frau Pilot träumen von der Schönen Neuen Pilotenwelt, allerdings ohne Substanz.

Ich habe oft den Kollegen versucht, diese Perspektiven oder

Pseudoperspektiven als das sehen zu lassen, was sie sind: Indirekte Motivationskatalysatoren.

Ich gehe dabei so weit, da mehrfach in dunkelster Motivationszeit solche leuchtenden „Perspektiven" aus sicherer Quelle aus dem Nichts auftauchten, zu behaupten, daß pfiffige Manager einen Gerüchtemultiplikator, Multiplikatorin nutzten. Vorstellbar in der Form, daß ein Mitarbeiter für eine Nichtigkeitsbesprechung ins Büro gerufen wird. Während dessen Wartens auf die Pseudo-Audienz wird dann seitens des leitenden Angestellten bewusst mit hörbar über nahende Flotten-Erweiterungen im Flugbetrieb unter geplantem Einsatz dieses oder jenes begehrten Muster`s „ungewollt" aber vernehmbar parliert oder „telefoniert". Der Hörende wird somit zum Motivations-Initial für die Mannschaft missbraucht.

Haltet mir die Mannschaft bei Laune!

Dafür gibt es probate Mittel, als da sind: Flugzeugmuster-Zuckerbrot und Simulator-Peitsche

Aber lassen Sie mich noch einmal zurück kehren in die Jahre zwischen 1989-1996. Erlauben Sie mir zuvor noch einen kleinen:

Exkurs:

Ich war noch in meinem ersten Jahrzehnt als Pilot. Man genoss den Alltag, freute sich auch schon am frühen Morgen auf die netten Kollegen, auf das kleine Team, mit dem man den Tag verbringen sollte. In diese Zeit fallen eine Menge kleinerer und größerer Erfahrungen, gute, sowie schlechte, die diesen Beruf spannend, abwechslungsreich, stressig, belastend, befriedigend aber auch frustrierend machen. Es sind dies Erfahrungen mit Menschen im sozialen Bereich, mit der Technik im sachlichen Bereich, mit den Herausforderungen der Natur und dem stetigen Anspruch des Systems Verfahren und Grenzen einzuhalten und gleichzeitig in einem sich immer ändernden Bedienumfeld die eigene Selbsteinschätzung beizubehalten und dennoch Kreativität zuzulassen. Ich spreche auch nicht von diesen Tagen an denen sie pünktlich unterwegs sind und alles wie am Schnürchen läuft. An diesen Tagen ist der Beruf Pilot eher ein gut bezahltes anspruchsvolles Hobby. Nein, ich denke eher an den Alltag mit „Technik" (Kurzform für im TechLOG eingetragene oder kurzfristig festgestellte Defekte in technischer Hinsicht) bei der Übernahme eines Luftfahrzeugs, der Rücksprache mit Technikern ob das Flugzeug als flugbereit akzeptiert werden kann, normalerweise über die MEL (Minimum Equipment List) geregelt, die damit verbundene Verspätung, das schlechte Wetter, die dadurch verpassten Anschlussflüge der Passagiere, das unpünktliche Catering, die am Ziel Ort nicht abgeholten Passagiere mit Handikap, die Unmöglichkeit auf der Route dem schlechten Wetter gänzlich zu entkommen Und vieles mehr. All diese Widrigkeiten die haben sich im Verlauf der Jahre von Ausnahmesituationen eher zur Regel entwickelt. Wenn all dies eher zur alltäglichen Regel wird statt zur Ausnahme und sie dann auch von ihrer Geschäftsleitung stets mit negativen Erfolgsmeldungen versorgt werden im Hinblick auf den wirtschaftlichen Erfolg ihres Unternehmens dann zehrt das schon an ihrem Energiespeicher über Jahre hinweg. Sie funktionieren dann aus Routine und Verantwortungsbewusstsein. Sehen Sie dann noch, wie sich mit jedem neuen Manager oder CEO derselbe alte Wein aus neuen Schläuchen über ihren Alltag ergießt, dann ist die intrinsische Motivation ein fragiles Gut, welches engstens mit der extrinsischen Motivation verbunden am Leben gehalten werden muss. Zur Verdeutlichung alle 4-6 Jahre treibt das ratlose Management auf der Suche nach dem Stein der Weisen alternierend eine von zwei Sauen durchs Dorf: Mal ist es das Fliegen über einen Hub- (Umsteigezentrale von A nach B über H) Airport, „Das erhöhe die Auslastung und setze Konzernsynergien frei", ein andermal „erhöhe sich die Auslastung durch passagierfreundliches Point to Point (Flug von A nach B) Fliegen ohne Zwischenstopp. Dies ist eine beliebte Maßnahme um sachkundige Tatkraft zu demonstrieren, lässt aber den kopfschüttelnden langjährigen Mitarbeiter außer acht, der denselben betriebswirtschaftlichen Mist zum wiederholten Mal zur Jauchegrube der Ideenlosigkeiten transportieren muss. Da Manager allerdings selten gewillt sind auf Bonizahlungen zu verzichten, wenn das uralte, neue Konzept nicht aufgeht, holt man sich noch eine teure, als Entscheidungsalibi herhaltende Unternehmensberatung ins Haus. Mein Postulat: Wären die BWL youngster so gut wie sie auftreten und über ihre Consult abgerechnet werden, würde ihr Arbeitgeber eher eine eigene Produktionsfirma statt einer Consulting sein. M.a.W. sie würden das Geschäftsfeld selbst als Unternehmen beackern. Aber so kassieren sie von finanzschwachen Klienten für BWL Allgemeinplätze, sinnlose Gutachten und wichtigem Getue eine horrende Beratersumme. Der einzig sinnvolle Rat gegen kleine Gebühr wäre der, sich ihre Dienstleistung zu sparen. Aber da sind wir wieder beim Alibi.

Aber das ist eine andere Geschichte

Anekdote:

Holger M. Seines Zeichens im ersten Beruf Drucker (er wusste auch einiges über erotische Zeitschriften, hatte er doch im Druckereigewerbe damit zu tun gehabt „Foxy Lady" Theresa O.) und ich waren im Anflug auf Stuttgart. Ein Routineanflug bei winterlichen Temperaturen. Seitens der MEL hatten wir eine SAAB340 an jenem Tag, bei der sich auf der Captainseite im unteren Frontscheibenbereich eine leichte Delamination im Bereich des Mittelholms zeigte. Mit anderen Worten, das Scheiben „Sandwich" aus Glas und Kunststoff (5-7mal) zeigte ein paar Bläschen unterschiedlicher Größe aber in Limits. Dies ist an den Seitenscheiben ein relativ häufiger Fehler wegen der Flächenwölbung und den eingearbeiteten Heizfolien etc.

Plötzlich war da dieser Vogel in Krähengröße, der genau auf meiner Delamination aufschlug, was zu dessen augenblicklichem Ableben und auf meiner Seite zu einem elektrischen Spektakel der besonderen Art führte. Blitze und Funkenstrecken breiteten sich von der vorgeschädigten Stelle mit wachsenden Rissen über meine ganze Scheibe aus. Eigentlich wäre ich davon ausgegangen, daß der CB (Circuit Braker, die Sicherung) bei solcherlei Störung sofort tripped (herausspringt), dies war aber nicht der Fall gewesen und so konnten wir einige Augenblicke eine crackelnde Scheibe mit Elektro-Feuerwerk bestaunen. Die Landung verlief problemlos, die Passagiere wussten von nichts, für sie war es ein Flug wie immer. Wir telefonierten mit unserer Zentrale in Friedrichshafen. Hört sich heute alltäglich an, es war aber die Zeit, zu der es nicht automatisch üblich war, ein mehrere 1000 DM teures Handy zu besitzen. Das heißt, Telefonieren war noch mehrheitlich eine Angelegenheit von Bodenkabel und Richtfunkstrecke und somit büro-gebunden. Also mit dem Ramper vom Vorfeld zum Ops-Büro, dort telefoniert, mit Fragen des Gegenübers wieder zum Luftfahrtzeug und erneut zurück ans Telefon. Dabei versteht sich von selbst, daß weder ein pünktlicher geschweige denn überhaupt noch machbarer Abflug für die nachfolgenden Passagiere zur Debatte standen.

„Wir waren jung…..und brauchten das Geld", ein Satz, der aus einem Straßengewerbe als Rechtfertigung des eigenen Tuns kommt, der in der Luftfahrt jedoch, eher zu wandeln ist in „wir waren Jung und heldenhaft zu allem bereit" nunmehr dergestalt übersetzt für den Leser seinen Sinn erhält! Technik für diesen großen Schaden von 40.000US$ gab es in Stuttgart nicht, geschweige denn eine Ersatzscheibe. Frage Technik FDH :

„Ist die Scheibe innen noch glatt, d.h. nicht durchgebrochen", Antwort: „Ja, wir haben beide (Holger und ich) gefühlt, scheint glatt zu sein"

Antwort:

„Ihr könnt euch sicherlich denken, daß wir hier in Friedrichshafen so eine Scheibe nicht auf Vorrat haben!"

Die Crossair Maintenance Basel könne das zeitnah richten, man verlöre aber viel Geld durch den Stillstand, wenn nicht sofort reagiert werde etc. pp.bla bla und der FBL (Flugbetriebsleiter) fände es ganz toll, wenn wir doch nach BSL Ferry fliegen könnten. Man werde sich auch um alles sonstige, wie Flugplan usw. kümmern.

Da stand ich nun und hatte die Last der firmenfreundlichen Entscheidung (die ich heute für falsch halte!) auf meinen Schultern. Holger sah mich an, verzog das Gesicht und nickte. Wir würden fliegen.

Die Airhostess durfte Feierabend machen und uns stand ein langer Abend bevor. Was war zu bedenken bei 350 Stundenkilometern unter kalten Bedingungen auf FL 100, sprich 10.000ft. Flugfläche 100 wurde gewählt, um frei von eventuellem Nacht-VFR ,des nachts auf Sicht fliegenden, anderen Flugzeugen zu bleiben. In FL100 brauchten wir für den schlimmsten Fall des kompletten Durchbrechens keinen Sauerstoff und wir konnten den Flieger nahezu drucklos, d.h. ohne Überdruck zu Lasten der Scheibe operieren. Des weiteren war es noch nicht zu kalt, was die Versprödung der Windschutzscheibe ohne Beheizung anging, bei einem weiteren Vogelschlag. Als Arbeitsmodell wurde Holger als PF (Pilot Flying, aktiv fliegender Pilot) und ich als PM (Pilot Monitoring, überwachender und funkender Kollege) gewählt. Dies hatte den Vorteil, daß ich meinen Sitz ganz nach unten stellen konnte, um, etwas nach vorne gebeugt, meinen Kopf während des Reisefluges unterhalb des Glareshields (Vorgezogene Instrumentenabdeckung) halten zu können. Start und Landung wurden ja unter erheblich geringerem Wind-Druck durchgeführt. Vor einer mit um die 300kmh hereinbrechenden Scheibe oder Splittern hatte ich doch Respekt.

Ich schreibe heute diese Zeilen, also ging alle gut.

Im Anschluß wurden wir dann mit einer 2,5 Stündigen Heimfahrt mit dem Taxi nach STR belohnt. Ein Essensgutschein hätte uns auch gefallen

Anm.: Oftmals hatte das Catering bei solcherlei unerwarteten Dienstverlängerung „erbarmen" und ließ uns einen Snack da! Man kannte sich, war familiär und hatte Wertschätzung für den andern.

Das setzte sich unsererseits im heißen Kaffee für die Loader (Beladecrew) im Winter bei Minustemperaturen fort. Für heutige Pfennig- bzw. Centfuchser eine grauenvolle Vorstellung, verdient doch jeder zu viel, außer einem selbst! Für uns eine gute Investition in Pünktlichkeit!

Aber das ist eine andere Geschichte...

Die Welt im privaten Umfeld veränderte sich unmerklich. Das Leben war zeitbezogen sehr fordernd geworden. Meine erste Frau, Ute, sie war eher zurückhaltend und bodenständig, sah mich nicht mehr täglich, manchmal nur am „Waschtag" wöchentlich. Sie litt über viele Jahre daran, einen für sie eher unglücklich machenden Beruf als Lehrerin auszuüben. Es zog sie ständig fort von der Schule und dem im Alltag, wie sie empfand, allgegenwärtig mit Schülern konfrontierten privaten Lebensumfeld dieser Kleinstadt Herrenberg. Wir waren diesbezüglich viel in jungen Jahren, vor meiner Beschäftigung in der Luftfahrt, gereist auf der Welt. Von uns stets und für uns normal als Individualreisen geplant, hatten diverse kleinere Herausforderungen doch einen gewissen Einfluss auf mein Was wäre wenn und wie kann ich mich darauf vorbereiten Verhalten. Hierzu ein paar Abschweifungen. So hatten wir Kenia 1977 bereist. Bleibende Erinnerungen prägender Natur gab es allerdings bereits vor der Abreise, dieses ersten Fluges in den Urlaub, der ersten Fernreise als Passagier auf einem Charterflug, mit dem ASC African Safari Club, der wegen Technik einen Tag verspätet begann. So durften wir erleben, wie die in Gerüchtehysterie herbeigerufene Bild über diese Flugverschiebung berichtete. Im Hotel, ich glaube es war das Steigenberger, waren sofort einige Kundige, die vorgaben, allwissend über den Bankrott des ASC fabulierend, uns andere in Furcht um unsere Reiseinvestition zu versetzen. Welch lächerliche Normalität ist eine Annullierung oder Umbuchung aus heutiger Sicht, welch empfundenes Drama war sie damals.

Allerdings habe ich etwas über Gruppendynamik schlecht informierter Gäste für mein späteres Pilotenleben gelernt. Schenk den Gästen reinen Wein ein, d.h. auch, wenn die Ursache unangenehm zu kommunizieren ist, sag den Kunden die Wahrheit. Damit können wir alle umgehen, mit Umschreibungen und Beschönigungen nicht. So habe ich den Passagieren, auch nach dem Boarding bei der Ansage die wahren Gründe für Verspätung oder Annullierung oder im Fluge für Streckenänderungen oder Ausweichlandungen genannt und siehe da, statt Murren und Meckern und Anblaffen des Kabinenpersonals, Verständnis, Neutralität und Kooperation erreicht.

Ich entsinne mich diesbezüglich an ein Beispiel aus neuerer Zeit, als wir in Stuttgart nach Unwetter-Anflug von Palma kommend um 23:30 Uhr landeten. Der Flieger fast komplett ausgebucht und kein Aussteigen möglich, da in Stuttgart wegen Blitzaktivität der Vorfeldbetrieb aus Sicherheitsgründen eingestellt worden war. 27 Flugzeuge warteten, teils nach Ausweichlandungen auf die Abfertiger und Busse. Hier half, wie immer, die Wahrheit und offene Kommunikation über die Einschätzung der Lage. Also teilte ich nach Einholung von Informationen seitens der Vorfeldkontrolle meiner Crew und dann den Gästen meine Einschätzung mit, nämlich dass ich von der Abfertigung von 3 Flugzeugen pro Zeit ausgehe, was ca. 27-6 Fingerpositionen= 21/3 also 6 x ca 10 Minuten, somit 70 Minuten in Anspruch nehmen werde, und das ab dem Zeitpunkt, wenn die Vorfeldarbeiter wieder an die Arbeit gehen können. Die Gäste waren informiert und das immer wieder nach erneutem Update der Situation seitens der Bodendienste. Ich setzte sie über den Grund des Einstellens der Dienste in Kenntnis, hatte es doch in der Vergangenheit einen Todesfall durch Blitzschlag gegeben. Ich ließ den Gästen kostenlos Wasser austeilen, was ich für eine begründbare Selbstverständlichkeit halte und was ich noch etwas kommentieren möchte. Bei unserem Kenia Flug mit dem ASC kam, meine ich, eine DC 8 zum Einsatz. Eine einzige Sitzgrausamkeit, wie sie heutzutage Standard ist, zumindest in der Economy Class. Ich wunderte mich und wundere mich noch heute, wie so ein Sitzabstand zulassungsfähig ist. Sobald die PSU (Passenger Service Unit) mit Oxygene-Versorgung sich weiter verkleinern lässt, werden wohl noch mehr Passagiersitzreihen verbaut. Der ASC Flieger hatte nur eine Klasse und außer in Reihe 1 hatte man aus Platzgründen keine Möglichkeit die Vertikale zu verlassen, man biss quasi in die Rückenlehne seines Vordermanns. Ich persönlich halte diese Bestuhlung für Körperverletzung, ist doch nachgewiesen damit ein höheres Risiko für Reisethrombosen verbunden. Bei Mittelstrecke geringer aber auf Langstrecke doch erheblich. Wenn es um Tierschutz ginge, den ich auch für notwendig zu verteidigen, da häufig kompromittiert, erachte, hätte sich wohl schon längst eine Initiative gefunden. Beim Menschen ist das anders! Der ist mit dem Buchen der Reise und dem Betreten des Luftfahrtzeugs zum Leibeigenen verkommen. Wie, erklären Sie es mir, ist es denn anders möglich, daß in unserer globalisierten Welt, ja, diese herrliche Begründungsfloskel für alles, was sonst nicht begründbar keinen Spaß macht oder nicht für Gewinnmaximierung genutzt werden kann, jedermann klaglos solcherlei Fixierung, ein Begriff aus der Zwangspsychiatrie, hinnimmt. Da leben wir in einer Welt, wo wir in Klassen bzw. Reiseklassen eingeteilt werden und niemanden stört es, wenn dabei gesundheitliche Schäden in Kauf genommen werden seitens der Betreiber. Da war doch was mit die Würde…?

In dieses Bild reiht sich allerdings noch eine Beobachtung ein. Bei einer großen Deutschen Fluglinie hatte ich schon beim Check-In immer das Gefühl, ich habe diese Gesellschaft nie privat genutzt,   dass Herablassung im Umgang mit Kunden seitens des Schalterpersonals ein Mitarbeiter-Auswahlkriterium sei. Eine Einschätzung, die ich seitens der Personalchefin Air Berlin, Frau Dr.Niemann auch den Mitarbeitern gegenüber bestätigt fand. Einer Chefin, die von o. nicht genannter Firma über die Bahn DB zu AB fand und die wieder in selbiger Funktion heimgekehrt ist im Jahre 2018! Aber warum dieser Eindruck bezogen auf die Leidensfähigkeit der Kunden einzelner Carrier? Selbst für Vollzahler hatte ich mehrfach beobachtet, galt wohl die Devise des Schalterpersonals: ich bin der Domino oder die Domina und wenn Du artig devot bist, mir aufmerksam zuhörst und bei mir die Gnade der Sitzplatzvergabe empfangen darfst und dies zu schätzen weist, gibt's noch ein frostiges Lächeln und Du darfst mitfliegen. Ich versuchte das immer damit zu verstehen, daß Manager in ihrer Entscheidungslast genossen entschieden und fremdbestimmt zu werden?

In diese Selbstwahrnehmung bei jener Fluglinie reiht sich auch noch folgende Anekdote eines Funkverkers ein:

Ground: LH ??? seid Ihr fertig für Startup oder geht's noch länger (fürsorgliche Anfrage)

LH ???   Mein Captain ist gerade erst reingekommen

Ground: hat er wohl verschlafen

LH ???   (andere Stimme) Ich verbitte mir derlei Despektierlichkeit

anschließend Funkstille und mein Funkcall an Ground:

„Was denn despektierlich beim Verschlafen bedeute?"

Hier geht es nicht um Umgangsformen, hier geht es um gräfliche Wortwahl, um Abgrenzung vom Gesinde der Umgebung.

Diese Pseudonoblesse passt aber eigentlich, wie ich heute finde, ins Gesamtbild jenes Konzerns, ist sie als Abbild aus einer Epoche zu begreifen, wo sich Intrige und Verrat bei Hofe die Hand reichten, um mit der anderen den Dolch im Gewande zu verbergen

Aber das ist eine andere Geschichte

Zurück zu jener Gewitternacht.

Sitzend der Dinge zu harren, in einem LFZ am Boden parkend ist nicht mehr so safety-relevant, also kann sich erst einmal ein jeder recken und strecken, wandeln und auf der Toilette handeln, sobald die Anschnallzeichen erloschen sind. Unter gesundheitlichem Aspekt ist es hingegen die Versorgung mit Flüssigkeit schon. Nach 45 Minuten, spätestens gibt es Wasser, gratis! Warum? Wegen der Gesundheit und der Würde, auch das will ich erläutern:

Während die Kaufleute rechnen, das wusste auch schon St.Exupéry und sein Prinz und im Anschluß an einem arbeitsreichen Tag mit Veuve Clicquot ihre Stimmung verfeinern, wenn sie ihre Arbeit (Sitzabstände verkleinern, Getränke gegen Bezahlung, Gepäck gegen Aufpreis, Crews Gehalt beschneiden ...)gut gemacht haben, wenn nicht gehen sie mit Boni zu einem anderen Basislager ihrer Seilschaften, soll der Gast, Kunde, Mitmensch sich notfalls selbst versorgen. Wie das? Getränke mitbringen? Durch die Security nach 9/11 unmöglich. Vorfeldseitig teuer: 2,80€ für ½ L Soda vom Automaten bei 29€ STR/PMI pi mal Daumen 10% des Reisepreises! Bei Kalkulation von 615 NM Stuttgart-PMI reicht das Bubblewasser für 61NM Flugstrecke. Wenn man bedenkt, wo man mit einer 60L Tonne voll Wasser und 1 Sodastreamkartusche äquivalent hinreisen könnte? 60 L H2O davon = 120 Bottles oder 120x61,5 NM = 7380 NM

Also fast 1/3 um die Erde (ca.21600NM) oder fast die Reichweite des A380

Das da etwas in der Kalkulation nicht stimmt sollte nun klarer sein, entweder ist das Wasser zu teuer oder der Flug zu billig. Falsche Prämisse: Beides stimmt und damit stimmt nichts! Also bleibt der CEO auf der Suche einer Lösung des selbst geschaffenen Problems und der Gast muss dürsten, oder? Oder er bedient sich am Wasserhahn der Toilette wo schon einmal Gäste ihre Notdurft auf, nicht gegen, auf den geschlossenen Deckel verrichten. (Glaub ich nicht! Ich habe die Bilder) Also erbarmt man sich gegen jede Kalkulation der Kaufleute zum Erhalt von Gesundheit und Würde der Gäste. Denn es gibt auch Reisende, die eben kein Geld mehr haben, die kein Budget für unvorhergesehenes Haben: Selbst schuld? Ich hoffe, das Schicksal ist immer gut zu ihnen.

Ach so, ja. Wir erzählten den Gästen Geschichten und Witze, unterhielten und über Gott und die Welt und tauschten uns aus und um 2Uhr stiegen müde aber entspannte Reisende aus. Geht doch!

Anm.:

Es waren viele Langstrecken-Flugreisen in Folge, die mich als Fluggast in jungen Jahren immer wieder in bewundernde Sehnsucht nach dem Arbeitsplatz der Piloten versetzten. Eine erinnerbare, aus heutiger Kenntnis nicht mehr nachvollziehbare Emotion. Dennoch möchte ich Ihnen noch ein wenig von meinem Reiseleben vor der Luftfahrt erzählen. Warum das? Es hat einen bestimmten Grund. Ich denke, es macht einen Unterschied, ob man Länder, Regionen, Menschen und Erlebnisse in der Fremde innerhalb eines Jobs unter Kollegen erfährt und erlebt oder ob man Länder auch Außerhalb eines 45 Meilenkreises um einen internationalen Flughafens kennengelernt hat, anlässlich eines 2-6 wöchigen Aufenthaltes, auch abseits eingetretener Pfade. Ich möchte verdeutlichen, daß mir nicht die berufliche Luftfahrt die Welt „geschenkt" hat, nein ich habe diese in freier Zeitgestaltung in Eigeninitiative entdeckt. Das führte zu relativierender Bewertung von kollegialen Beschreibungen und Berichten. Außerdem habe ich mir dadurch eine innere Distanz ohne Neid gegenüber Langstreckencrews erhalten, deren Kommunikation spätestens 10 Minuten nach Gesprächsbeginn auf das Thema Long Range, Hotel, Strand und Umkreis naher Sehenswürdigkeiten rekurriert.

Kurz gesagt fehlt mir die Dankbarkeit während meines Fliegerlebens die Welt kennengelernt zu haben, ich kannte sie bereits davor und das Danach stellte sich als weit weniger spektakulärer heraus, als erwartet.

Also ertragen Sie noch ein paar Abschweifungen meinerseits, hilft es Ihnen doch, mich näher kennen zu lernen und somit meine Wertungen selbst einzuschätzen.

Ich kenne Europa aus eigener Reise von von Schweden bis Portugal, von Italien bis Schottland, dienstlich fast komplett.Ich kenne im Winter die österreichischen, französischen, schweizer und italienischen Alpen, in Kanada die Rockies. Im Sommer die Bluemountain in Australien und die schottischen Highlands. Ich kenne den Big Salmon River im Yukon Territory Kanada`s wie auch den John River in Alaska von jeweils 11-14tägiger Schlauchboot und Kanutour allein mit meiner ersten Frau. (diesbezüglich im Anhang mein Reisebericht, den ich als Vortrag mit Überblendprojektion und musikgesteuert hielt)

Ich baute einen VW Bus über den Zeitraum einen Jahres aus. Mit selbst gebauten Pappelsperrholzschränken, ungiftiger Kalomurdämmung, Teleskopbett, Waschbecken, Kühlschrank, mit binnen 2er Stunden herausnehmbaren Boden und Einbauten, um ihn nicht als Camper anmelden zu müssen, mit Standheizung, BackupBatterie usw usf. Wir nahmen damit Kurs nach Portugal und Norwegen. Wir wurden an der Atlantikküste morgens geweckt und mussten umgerechnet 60DM als Strafe für wildes Campen an die Flics zahlen und wir sind damit wild campend an der Südatlantikküste im Sand stecken geblieben. Sie wissen schon? Wenn die obere Sandschicht nach Regen Betonhärte vorspiegelt und plötzlich sitzt man auf weil die Räder eingebrochen sind. Und das, obwohl sie vorher den Untergrund überprüft und für tragfähig attestiert hatten. Zugegebenermaßen eine falsche Einschätzung. Eben gesammelte Erfahrung.

Wir waren in Spanien und ich habe dort von einem Feuerwerker, wir waren hoch über einer Stadt und campten mit Meerblick,10 Raketen mit Schilfrohrstab und Blitzknall-Ladung gekauft. Ich war schon immer von Feuerwerk begeistert und fast täglich wurde in jener Gegend zu jedwedem Anlass geböllert. Sie mitzunehmen nach Hause habe ich mir damals verkniffen und Blitz und Knall in einem nahegelegenen Steinbruch mit meiner Frau genossen.

Was hat das mit meinem späteren Beruf zu tun? Ich wusste seither, daß man dem Untergrund nicht immer trauen kann, auch dessen Oberfläche. Ein Kollege in München rollte im Winter einmal beim Aufrollen auf die Bahn darüber hinaus, sie war nicht zur Gänze geräumt und er zu schnell.

Ich weiß, wieviel Energie in Feuerwerkskörpern steckt, ein Thema im Hinblick auf Gefahrgut und andere relevanten Flugbereiche.

Da warten noch zwei drei oder vier fünf kleine Anekdötchen auf Sie

Wir haben die Seychellen bereist, diese überirdisch schönen Inseln im indischen Ozean „where the clock always chimes twice" gemäß eines creolischen Volksliedes (die Big Ben nachempfundene Turmuhr auf dem Zentralplatz in Victoria funktionierte in der Realität allerdings, was das Läutwerk anging nicht!) und wo Bo Derek von Hollywood in szene gesetzt im gleichnamigen Remake auf Tarzan traf. Wo die „Coco de mer" gedeiht, eine ihrer Form nach an einen hübschen Damenhintern erinnernde Kokosnuss. Es sind dies verstreute kleine Inseln, wie Bird Island mit penetrant nach Guano riechender riesiger Meeresvögelkolonie u.a. Aber es sind dies auch Inseln, wo das Paradies zu schlafloser Nacht etwas an Charme verlor, konnte ich am Strand im Mondlicht Männer in ABC Anzügen mit Spritzgeräten auf dem Rücken, den Strand mit Pestiziden vernebeln sah. Vermutlich gegen Hakenwürmer oder Sandflöhe zum wohle der Gäste. Ich nehme an, es war eine harmlose zugelassene Essenz, vgl. Glyphostat und dem „harmlosen" Sprühnebel am Bodensee. Dann war da noch das Erlebnis mit dem gemieteten Moke, ein „no door" Mini Jeep, dessen Bremsen bergab versagten. Heil unten angekommen unter Einsatz der Gangschaltung und der Handbremse fuhren wir noch langsamst zu einer Werkstatt vor Ort. Dort wollte man irgendwelche Flüssigkeiten nachfüllen. Ich entschied mich dagegen, mit diesem Fahrzeug die Insel weiter zu erkunden und rief erneut beim Vermieter an, dies dann ein etwas drängenderes Telefonat und augenblicklich erhielten wir dann die Zusage für ein Ersatzfahrzeug, welches uns zur Werkstatt gebracht wurde

Wir haben Ceylon bzw. Sri Lanka vor dem Bürgerkrieg bereist, haben die barbusigen Felsen PinUps von Sigiriya bei der Besichtigung des Löwenfelsen bewundert (PinUp ohne tieferen religiösen Hintergrund war die Erklärung von Ranjid, unserem Reiseführer. „Zum Zeitvertreib der Wachen"). Haben in Nuwara Eliya die Tee Darjeeling Verarbeitung

kennengelernt, auf den Malediven Tauchen gelernt und auf
Furana zum ersten Mal im Leben ein Spielcasino besucht.

Anekdote:

Bei einem Islandhopping auf den Malediven besuchten wir
auch eine Fischerhütte in deren dunklem Innenraum ein
spargeldünner Weißer auf einer Matte döste, der uns
vermutlich Gras-Relaxed anlächelte. Wohl ein Touri? Auf
meine Frage, ob er Tourist sei oder hier arbeite erhielt ich zur
Antwort, er lebe hier? Auf mein Wissensbedürfnis „warum",
schlicht als Antwort „because i like it" Das war meines
Erachtens wohl die direkteste Form westlicher Ausbeutung,
mittels missbrauchter Gastfreundlichkeit.

Lassen Sie mich noch von Australien erzählen und sie mit
unserem geliehenen Camper mit auf die Reise von Adelaide
zum AyersRock mitnehmen. Wir waren in Sydney
angekommen über Singapore mit Singapore Airways. Im
Hotel ausschlafen und mitten in der Nacht aufwachen. Ja Ja
der Biorhythmus. Dann Frühstück und erstmalig die
geschmackliche Ernüchterung einer Sausage mit
Hammelgeschmack. Nun gut. Den Camper abgeholt und
Einweisung an der Vermietstation. Wasser, Strom, Gas,
Toilette etc.pp und der ausdrückliche, schriftliche Hinweis,
das Outback, sprich der Stuart Highway Süd-Nord sei
verboten zu befahren. Aufgrund von Diavorträgen vor all
unseren DIY Reisen wussten wir, daß es sich um eine
unbefestigte Wellblechpiste zwischen Port Augusta, über
Coober Pedy nach Alice Springs, unserem Ziel und dem

Northern Territory handelte. Alles klar, zunächst steht sowieso Sydney mit Opera House und die Botany Bay an. Der Slang der Aussies machte zu schaffen und bei einer Hafenrundfahrt stutzte ich mehrfach, als eine ältere Dame vom Boot als dem „hadrafoi" sprach. Endlich klickte die Assoziation in meinem Kopf und ich übersetzte Hydrofoil oder technisch Tragflächenboot für mich. Tragflächen, wie beim Flugzeug. Wir trafen außerhalb von Sydney ein altes Rentnerpärchen, dessen Camper die Route all ihrer bisher gefahrenen Destinationen als Gemälde auf der Außenseite trug und dieser ältere glücklich mit seiner Frau umherreisende Mann antwortete meiner Frage, ob er etwas vermisse mit nein. Ich insistierte keine Nachrichten, kein Fernsehen? Seine Antwort:"Oh you mean that giggle box, never ever!" Welch Weisheit vor mehr als 36 Jahren!! Wir schauten uns die Blue Mountains an, wurden von einem jungen Mann gefragt, ob es uns gefalle und warum wir nicht einfach in Australien blieben? So geradlinig dachte sich der junge fragende Mann damals die Welt, so kompliziert machen wir sie uns mit dem Vorbehalt darüber nachzudenken, es dann aber doch nie zu tun.

Wir waren in Port Augusta und ich hatte vor, Coober Pedy, die unterirdische Opalhauptstadt des Planeten zu besuchen. Wir würden den Stuart Hwy gen Norden fahren und das bisschen Wackeln werden wir schon aushalten. Noch ein paar Reserveteile für das Fahrzeug gekauft, einen Keilriemen besorgt und ab geht die Post.

Alice Springs via Coober Pedy, schlappe 1200km ca.

Und siehe da, er ist ja doch befestigt. Ich erinnere mich noch daran, wie wir euphorisch waren, bequem nach Alice Springs zu kommen und Zwischenstopp bei den Opalfeldern zu machen. Ich müsste lügen, könnte ich mich noch an die Namen erinnern aber bei Woomera meine ich, war alles noch o.k. irgendwo zwischen um die 220Km nach Abfahrt dann doch unbefestigte Straße. Ist wohl nur ein Stück in Arbeit, also weiter. Speed runter, rüttelt schlimmer, speed rauf, rüttelt schlimmer, speed ganz langsam, rüttelt schlimm, speed ganz schnell, rüttelt schlimm. Wird wohl gleich vorbei sein. Allmählich liegen die Nerven blank. Geht das so weiter, dann fallen uns die Schränke aus der Verankerung und wenn was passiert sind wir verantwortlich. Umdrehen und 80 km zurück-rütteln. Turbulenzen der Kategorie severe auf der Straße. Dann endlich wieder Asphalt unter den Reifen, die Muskulatur und Nerven entspannen sich! Es ist später Nachmittag, die Etappe versaut. Ich weiß, was ich jetzt erzähle hört sich an wie Münchhausen aber es hat sich so ereignet. Zuvor aber noch der Hinweis, daß ich auf dieser Reise bei Alice Springs tatsächlich auch noch einen Reifen am Camper wechseln musste, den einzigen Reifenwechsel jemals an einem gemieteten Fahrzeug, aber nun zurück zum Stuart Hwy. „Was leuchtet denn da?" „Ach ja, die Ladekontrollleuchte". Anhalten, Aussteigen, Motorhaube auf, aha, der Keilriemen ist runter gesprungen, ist aber noch im Motorraum. Was nun kommt ist der Streich für einen sparsamen Schwaben und ich erläutere hernach eine Weisheit für den Rest meines Lebens. Also eine Schraube mit dem Bordwerkzeug gelöst, den Riemen wieder aufgelegt, gespannt und den Ersatzriemen gespart.Haube zu und auf gen Süden. Dann, wenige Kilometer später erneut das rote Lämpchen.Anhalten, Aussteigen, Motorhaube auf und.......Scheiße, der Leser verzeihe mir, der Keilriemen ist gerissen, eigentlich nicht schlimm, hat aber beim Reißen beim Kühler oben den Anschlussschlauch abgerissen und den Anschlussstutzen ½ abgeschlagen. Also Kühlwasser verloren und Generator bzw. Lichtmaschine aus. Gelernt habe ich in diesem Moment: Wenn etwas geschieht gibt es eine Ursache. Und Ursachen bekämpft man nicht durch Sparsamkeit. Der alte, versprödete Keilriemen sah gut aus, war aber sicherlich im Innenradius angerissen gewesen und dadurch so verlängert, daß er beim ersten Mal absprang ohne Schaden zu verursachen und dann schon in den Müll gehört hätte. (Das gilt für versaute Schrauben, Dichtungen etc.pp. Wo immer ersetze ich bei Fehlfunktion alt durch neu, mitgelieferte Holzschrauben vom Schweden I.K. durch Torx usf.)

Ich will nicht ins Detail gehen, ich schaffte die Reparatur, schnitt den Schlauch zurecht, schaffte ihn auf den kurzen Stutzen mit der Schelle zu montieren, machte bei zunehmender Dunkelheit dann aber doch noch den Fehler Wasser für den Kühler nachzufüllen wobei ich den Stutzen für das Öl des Automatikgetriebes verwechselte. Als ich das merkte war schon ein viertel Liter Wasser drin. Shit. Den Kühler aufgefüllt angelassen und los. Von Zeit zu Zeit ruckte jetzt das Automatikgetriebe (Viskosität und Temperaturverhalten von Öl und Wasser harmonieren nicht) Ich erinnere mich noch, wir hielten mehrfach in der Nacht an, stiegen aus dem Auto, um auf unbefahrener Straße in völliger Dunkelheit Sterne in klarster Atmosphäre von Asphalt über den Kopf hinweg zu Asphalt zu sehen. Wir fuhren am nächsten morgen in die Werkstatt, ließen das Automatiköl tauschen (60A$) und auf meinen Einwand für den Wasserschlauch und Stutzen wurde mir bedeute, das sei gut gearbeitet und halte ein paar 1000km!

Wir buchten den Autoreisezug nach Alice Springs, fuhren den Camper auf, suchten unsere Schlafsessel auf und fuhren rüttel- frei durch die Nacht an Coober Pedy vorbei nach Alice Springs wo uns im Morgengrauen eine zerbrechende Sternschnuppe begrüßte. Bis auf den Reifenwechsel, dem Land der Regenbogenschlange, den Ayers Rock, der Toilettenaufschrift Men, Women und Male, Female für die Ureinwohner ,der Nacht oberhalb von Brisbane beim Wild Campen und dem Schild an einer Tankstelle, wo die sexy Cashier Mayden ein Schild mit der Aufschrift hatte: Sex is like Credit, some get it and some not, erübrigt sich weitere Nostalgie.

Aber das ist eine andere Geschichte

Ich hoffe, sie werden nun verstehen, warum ich für mich behaupte, dies Buch ist so objektiv, wie möglich geschrieben!

Erlebtes schenkt uns Erfahrung und Erfahrung lehrt uns Vorsicht und Vorsicht bewahrt uns davor Grenzen leichtfertig zu überschreiten. Dann noch einen Topf voll technischem Verständnis, eine allgegenwärtige Prise Selbstkritik, eine Hand voll Antizipation, gepaart mit sozialer Führungskompetenz und fast fertig ist ein idealer Pilot. Fehlt noch die Neugier auf Technik, ewige Fitness und Bedürfnislosigkeit was Schlafen angeht, sowie Anspruchslosigkeit der angebotenen Nahrung gegenüber und mangelfreier Verzicht auf geregeltes Sozialleben!

Aber das ist eine andere Geschichte

Lassen Sie mich noch das Kapitel Turboprop abschließen mit Erlebten, Guten als auch weniger guten Erinnerungen.

Ich flog mittlerweile nur von Stuttgart aus und wir hatten Ziele die da waren Genf, Bremen, Brüssel, Nizza, Venedig, Mailand, Turin, Barcelona, Münster, Paris, Lyon, Corsica, Innsbruck, Frankfurt und dann noch ein „toller" Umlauf: Stuttgart-Jersey, Jersey-Guernsey, Guernsey-Hamburg, Hamburg-Guernsey, Guernsey-Jersey, Jersey-Stuttgart, geplant 11h40Min für 6 Legs (Strecken), wobei Jersey-Guernsey mit unter 10 Minuten erforderte, dass Abflug und Anflug-Briefing jeweils vor dem Losrollen absolviert werden musste. Da war Stuttgart Barcelona Freitag hin bis ca. 12Uhr, Sonnabend Stehtag und Sonntag Mittag zurück ein heiß begehrter Umlauf. Dazu sei erwähnt, daß trotz ewiger Vorhaltung den Mitarbeitern gegenüber bezüglich mangelnder Einnahmen und mangelnder Rentabilität es doch häufiger bestimmten Personenkreisen gelang aus Friedrichshafen anreisend mit dem Crewtransport solcherlei Destinationen zu ergau...., ergattern meinte ich.

Ich schildere noch ein paar Begebenheiten erzähle, nette, aber auch traurige. Neben dem Self Loading Cargo, wie Gäste zuweilen unangemessen tituliert werden, gibt es auch eine besondere Variante des Cargo, HUM genannt. Übersetzt Human Remains, oder sterbliche Überreste. Nie vergessen werde ich, und glauben Sie mir, im Andenken bekomme ich immer noch Pippi in den Augen, den grauen morgen in Genf, wo ein knapper Meter Sarg vor Ihnen beim Außencheck steht und man Ihnen mitteilt, die Eltern, die gleich kommen, holten ihr Kind heim aus einer Spezialklinik in Genf und dann betritt ein gebrochenes Elternpaar ihren Flieger und sie müssen gefasste Ruhe ausstrahlen. Ich hatte mehrfach HUM dabei, aber so mitgenommen hat es mich nie wieder, waren es doch zumeist ältere Erwachsene auf dem Weg zurück in die Heimat. Es gibt aber auch eine andere Form von

Sprachlosigkeit in anderer Hinsicht. In Erinnerung der Sitzplatzdiskussion waren wir speziell auf Genf mit der anderen Seite der Marktwirtschaft konfrontiert. Mit Jumbos als Privatflugzeugen für den Scheich, Fracht A340 für Einkäufe und oder Hofstaat. Mit der Grenzenlosigkeit sich 40 Joghurts einer im Internat kennengelernten Marke mittels Executive-Jet in die Emirate bringen zu lassen, um die geladenen Gäste zu verwöhnen oder die Aussage auf die Frage an einen A330, wann er gedenke die Anlaßfreigabe bezüglich seinem Abflugfenster zu beantragen:"Unser Gast hat noch etwas in der Lounge zu erledigen, er müsse aber gleich kommen"?

Dann wissen sie, wo in der Nahrungskette ihr Platz ist und wie viel Glanz und Gloria sie davon abbekommen. Sind sie ehrlich zu sich selbst. Im günstigsten Fall sind sie Hofschranze mit gutem Gehalt

Aber das sind andere Geschichten

An Genf habe ich allerdings auch noch eine besondere Erinnerung.

Ein Gast hatte es nicht mehr rechtzeitig zum Check-in geschafft und war derartig entnervt, daß er das No-No-Wort voller Wut gegenüber dem Check-in-Personal in der Form von sich gab:" Die haben ja sowieso eine Bombe an Bord"! Wir wurden gerade von der Parkposition zurück gedrückt, als wir die Meldung erhielten. Minuten später standen wir auf einer Safe Position, die ganze Welt funkelte im blauen Licht der Rettungsfahrzeuge, der Feuerwehr und Polizei. Absperrbänder wurden gezogen und die Gäste verließen für die Bomb-Squad mit deren Hunden den Flieger, um mit einem Bus zurückgebracht zu werden und der gestresste Geschäftsmann begleitete die Beamten in Handschellen aufs Revier. 1,5 Std später machten wir uns auf den Weg nach Stuttgart.

Oder ein Erlebnis auf einem Flug nach Brüssel, eine Erfahrung, die mir immer wieder dabei half, abzulehnen, wenn Gäste baten, sich bei knappen Anschlussflügen doch cockpitseitig um Transferhilfe, bereits aus der Luft, zu bemühen. Das Verfahren war so gedacht, dass man den Boden bereits aus der Luft über Verspätungen informierte mit der Bitte um Blitztransfer von einem zum anderen LFZ, was früher noch in der Form ausnahmsweise möglich war. Nach der Landung stieg der, die Gäste als erste aus und die Crew des empfangenden Flugzeugs wartete abgesprochen auf die direkt über das Vorfeld transportierten Passagiere. Heute wird dies nicht mehr erlaubt und lassen sie mich Ihnen den Tip geben. Planen sie jeweils 2,5H Transferzeit für selbst zu verantwortende Anschluss-Flüge. Ihre Nerven danken es Ihnen und ihr Deoverbrauch sinkt rapide. Oftmals buchen auch Reisebüros graue Theorie. Planen Sie reichlich und genießen sie bei einem Tässchen Kaffee das Stressprogramm der „wird schon klappen" Optimisten. Bedenken Sie immer, daß auch Streichungen anderer Verbindungen Check-in Kapazitäten und Security-Zeitaufwand enorm beeinflussen können.

Was bewegte mich nun für viele Jahre, bis auf eine Hand voll nicht Kommunikation-kritischer Ausnahmen, davon abzusehen, das Cockpit sich aus der Luft nicht um solcherlei Nichtigkeiten kümmern zu lassen. Es ist die bestmögliche Aufrechterhaltung der Ressourcen für die eigentliche Cockpitarbeit.

Was war an jenem Tag geschehen?

Wir erfuhren, daß wir an Bord eine Dame hatten, die etwas am Gate im Wartebereich vergessen hatte. Während der Gegenstand noch gesucht wurde, musste sich die Dame entscheiden mitzufliegen oder nicht. Sie entschied sich für, geachtet des Anschlussfluges Brüssel -USA. Brüssel war CAT 2 Wetter mit 100ft Entscheidungshöhe. Kurz nach dem Abheben dann aus der Kabine die Information, die Dame wandere aus nach USA und habe eine Goldmünze, ihr Abschiedsgeschenk wohl in der Halle verloren. Wir waren hilfsbereit. Der Co funkte mit der Station Stuttgart, die uns baten dann unterwegs mit Frankfurt zu versuchen beim Company-Handling Weiteres zu erfahren usw usf. Einer flog, der andere Funkte, holte bei Gelegenheit das Wetter, man briefte und man war einfach nicht beständig bei der eigentlichen Sache, der Flugführung konzentriert. Später am Boden habe ich diesen Flug analysiert und 8 Fehler konnte ich rekapitulieren. Sogar ein falsches QNH Setting (Höhenmesser Platzhöhe) hatten wir vergeigt, da der

Controller beim Clearen zum Übergang von Flight-Level (Flugfläche) zu Altitude ("Geländehöhe") schlicht die Nennung des QNH (örtlichen Luftdrucks) vergessen hatte, was beim Instrumentenflug gefährlich große soll7ist Höhendifferenzen zur Folge haben kann, ein im Loop des Briefings mit vorheriger Wetteranalyse leicht seitens der Crew zu entdeckender Fehler, funkt man nicht dauerhaft um den Verbleib einer Goldmünze!

Aus diesem Grund ist eine Erfahrung und Alters heterogene Crew eine gute Zusammensetzung, denn es ist besser, wenn nicht zwei youngster gleichzeitig eine neue Erfahrung machen müssen.

Was mit der Münze war oder wurde…..

…..wir haben es nie erfahren?

Eine Anekdote mit Valoren hätte ich noch.

Stuttgart-Jersey-Guernsey. Gäste nach Guernsey blieben sitzen und deren Gepäck blieb an Bord, sie erledigten die Einreise nach der 2.Landung.

Die SAAB 340 hatte nur begrenzten Stauraum in den Hatracks. Also wurde bei vollem Flugzeug das Handgepäck vor dem Flugzeug abgenommen, ins Gepäckkompartment im Heck verstaut, um dann nach der Landung, wieder von dort geholt, den aussteigenden Gästen übergeben zu werden. Eine Dame plusterte sich über diese Schikane (es war eine Sicherheitsvorschrift, keine Willkür) auf und strafte uns alle mit zunächst beleidigendem Gezeter und hernach mit Verachtung durch Ignoranz. Anm.: Die 3 Eigenschaften von Gästen: normal (kooperativ), aggressiv (provozierend, herausfordernd), eingeschnappt oder beleidigt (indirekt strafend) und dies in allen Kombinationen und Nuancen. Übrigens schafft es eine routiniert und dadurch abgeklärt und versiert agierende „Kabine" regelmäßig den individuellen vorhandenen Erregungspegel eines Gastes oder einer Gastin (Gender korrekt?) eines s.o. Stress bedingten psychisch-physischen Aggregatzustands in die harmlose Normalvariante überzuleiten. Das erfordert eine hohe soziale Kompetenz, Lebenserfahrung, situatives Verständnis und Gelassenheit, kurz Eigenschaften, die Mitte 20 noch in der Entwicklung stehen! Hierzu fallen mir noch folgende Anekdoten zu diesem Aspekt ein. Boarding USA. Ältere Purserin, nicht weißer Hautfarbe. Weißer Geschäftsmann lässt Aktentasche im Gang stehen und fordert die Dienstleistung ein, sie solle diese im Hatrack oder sonst wo   verstauen. Die Purserin lächelt, stemmt die Hände in die Hüften und meint bevor sie geht: "Slavery is over" (Die Sklaverei gibt es nicht mehr) und in Ergänzung zu meiner obigen Festellung: Älterer

Gast steigt ins Flugzeug, sieht dort C/P 27 und FO Anfang 20, dreht sich um und geht mit den Worten „I don't fly with kids" (Ich fliege nicht mit Kindern) Das sind die harmlosen Varianten. Wird es taktil oder anzüglich oder drohend aggressiv beginnt der Spagat zwischen Deeskalation und Restriktion. Stellen Sie sich vor, wie sie empfinden oder handeln würden wenn ein Gast, dem sie vor dem Start in Pristina, wie vorgeschrieben am Notausgang, über der Tragfläche dessen Funktionsweise erklären müssen und der Sie auf mehrmaliges ersuchen, doch bitte den Ausführungen zu folgen mit den Worten belegt: „Ey Baby, du bist wohl zu wenig gef.... worden? Die Kollegin hielt Zeugenaussagen fest und wir erstatteten Anzeige wegen Beleidigung nach der Landung in Stuttgart.

Doch nun zurück nach Guernsey!

Die Dame steigt in Guernsey aus und in Jersey war aus versehen fast alles Gepäck entladen worden. Ihr Köfferchen fehlte und genau darin wurde uns nunmehr kund getan hätte sich der gesamte Familienschmuck befunden. 15.000 DM Gegenwert und sie werde die Crew belangen. Wochen danach erhielt die Purserin ein Anzeigenschreiben der Polizeibehörde und ich musste ebenfalls ein Protokoll zeichnen. Der Schmuck konnte weder über irgendeinen Kaufbeleg noch jedwedes Photo nachgewiesen werden. Im Übrigen wurde der Koffer und die der anderen Gäste damals noch am gleichen Tag nachträglich zugestellt. Warum die Dame diesen hohen Wert nicht angesprochen hatte war uns ein Rätsel, hätten wir doch für das Köfferchen eine einvernehmliche Lösung gefunden. Das Verfahren wurde eingestellt. Was sich endgültig in diesem Fall ergab?

Wir haben es nie erfahren.

Ein anderer Sachverhalt, der zwiespältigen Gefühle ob des Selbstverständnisses des eigenen Tun´s hervorrief waren die Flüge, die die Delta Air kurz nach der Wende im Jahre 1989 von Stuttgart in die neuen Bundesländer in ihr Streckenprofil aufnahm. Es waren die Verbindungen von Stuttgart nach Leipzig und Dresden, die es mit sich brachten, dass man sich nicht bei den Passagieren, wie gewöhnlich für Unregelmäßigkeiten im Flugalltag entschuldigte, wie es bei Verspätungen etc. üblich war, sondern dass man sich für nahezu die Gesamtheit der von West nach Ost und zurück transportierten Passagiere zutiefst schämte. Was war der Grund? Man transportierte am Montag Morgen eine Horde gut vorbereiteter Geschäftsleute, Makler und Händler nach Dresden bzw. Leipzig und holte am Freitag Mittag dasselbe Klientel zurück nach Stuttgart. Aus einzelnen Gesprächen mit Passagieren und der Kommunikation zwischen den Gästen lies sich entnehmen, dass die Geschäftswoche der Reisenden in deren Interesse optimal verlaufen war. Das hieß mit anderen Worten, die „Heuschrecken" kamen gut gesättigt von Ihren Plagefeldzügen zurück. Mehrfach mussten wir mit anhören oder wurden informiert, wie die „Ossis" bei Geschäften übervorteilt worden waren. Dabei spielte es offenbar keine Rolle ob es sich um Finanzierungen, Immobilienkäufe, Antiquitäten oder andere Lebensbereiche handelte bei denen man die Systemunkenntnis bezüglich des Kapitalismus mit seiner entfesselten Marktwirtschaft der Bürger aus den neuen Bundesländer aufs Schäbigste ausnutzte. Immobilien in besten Citylagen wurden zu Schleuderpreisen erworben, goldene Glashütter Taschenuhren für 3-500 Mark gekauft, deren Gegenwert ein Zehnfaches darstellte, Finanzierungsverträge und Versicherungen wurden den unbedarften Mitbürgern teuer aufgeschwatzt. Freitag Abends von Ost nach West, also zurück nach Zuhause stieg der Schaumwein Konsum auf den Flügen deutlich an und man sah in zufrieden grinsende Gesichter von Gästen, die nach einer Woche Erfolges auf Kosten naiver, in staatlicher verwalteter Obhut groß gewordener Menschen mit den Finessen und Fallen heutiger Turbo-Ökonomischer Gegebenheiten noch nicht umzugehen gelernt hatten. Ein Raubzug der Moderne.

In dieser Zeit fiel auch auf einem Flug von Stuttgart nach Dresden der einzige technische Vorfall, der es jemals während meiner Zeit als Pilot und Captain es notwendig machte ein Triebwerk in der Luft zunächst auf Leerlauf zu reduzieren, um es danach dann ganz abzustellen. Grund für diese Maßnahme waren Vibrationen die selbst im Leerlauf mit gefeathertem (die Rotorblätter werden auf minimalsten Widerstand gedreht) Propeller nicht zu eliminieren waren. Wir kehrten allerdings nicht nach Stuttgart zurück sondern landeten in Friedrichshafen, um technische Hilfe seitens der Maintenance der Delta Air vor Ort zu haben.

Eine Anekdote von einem dieser Flüge von Stuttgart nach Dresden bleibt mir auch nach langer Zeit noch in Erinnerung:

Es war dies ein Fluggast welcher mit seiner Frau zusammen reiste und der mit einer großen Tüte den Flieger betrat und sich auf Kosten seiner Frau darüber mokierte, dass er diesen Plastiksack für Sie bei zu erwartender Reisekrankheit mitführe. Der Flug wurde wie vorhergesagt nicht ganz ruhig aber schlussendlich ging es der Frau hervorragend wohingegen ihr Mann mit partiellem Kreislauf versagen von den Sanitätern in Dresden von Bord geholt werden musste.

In diese Jahre zur und nach der Wende fielen auch Wendepunkte privater Natur.

Im Frühjahr 1990, Einsatzort war wieder einmal Stuttgart, offenbarte ich meiner ersten Frau, dass ich mich wohl in eine Kollegin verliebt hätte und ich nicht wisse wie, mit dieser

Situation umzugehen. Es ist dies die Situation, in der alle Beteiligten durch ein Chaos von Gefühlen, Ängsten, Hoffnungen, Enttäuschungen und Fragen ohne Antworten gehen. Ich war 36 und hatte das Gefühl gehabt zu viele Jahre „auf der Flucht" gewesen zu sein. Ich hatte ja bereits erwähnt, dass die Reisen mit meiner ersten Frau zum Teil auch deshalb in die Ferne gingen, um sicher sein zu können weder Schülern noch deren Familien zu begegnen. Diese Empfindung, sich immer zu verstecken, löste unbewusst eine enorme innere Frustration aus, ein Gefühl der inneren Unfreiheit. Schließlich kam was kommen musste, ich lernte meine heutige zweite Frau Steffi kennen, die das komplette Gegenteil in Bezug auf Lebensbejahung und Lebensfreude darstellte. Was andere Leute dachten war in ihren Augen für sie nicht wichtig. Sie gab sich unbeschwert und selbstvertraut dem Leben gegenüber. Ab einem bestimmten Zeitpunkt merkte man, das man sich mehr oder weniger auf den Dienst am Morgen oder Abend freute in Abhängigkeit ob Steffi als Flugbegleiterin dabei war oder nicht. Ich freute mich zunehmend allerdings mit schlechtem Gewissen auf die Willkommensküsschen, merkte ich doch, dass sich für mich mehr Gefühle daraus entwickelten als erlaubt war. Zu diesem Zeitpunkt hatte ich eine Bewerbung bei Südflug mit einem Termin in Frankfurt für das Assessment laufen. Ich fasste den Mut sie zu fragen, ob sie mich zu diesem Termin begleiten möge. Ohne viel darüber nachzudenken willigte sie ein. Es war auf dieser Autofahrt als ich ihr eingestand, mehr für sie zu empfinden als rein kollegialer Umgang es erwarten ließe. Aufgrund ihrer familiären Erfahrung hatte sie allerdings Probleme ihre Gefühle mit meiner Lebenssituation abzuwägen und in Einklang zu bringen. Ich habe zu diesem frühen Zeitpunkt meiner ersten Frau bereits offenbart das ich für unsere Beziehung und Ehe im Augenblick keine Zukunft sähe. Wer jemals eine solche Situation durchlebt, der weiß um dieses Gefühlschaos aus Euphorie und Schuldgefühlen.

Irgendwann weiß man nicht mehr was man fühlt, was man fühlen darf, ob man richtig handelt und wenn ja für wen, was man will und was man nicht mehr will. Man schämt sich dafür dem langjährigen Partner Lebensglück zu zerstören, um eigenes Glück zu empfinden. In dieser Gemengelage der Gefühle und Emotionen braucht man irgendwann Abstand, von dem man glaubt, er ermögliche einem richtige Entscheidungen treffen zu können. Ein Trugschluss. Ich denke heute eher mit diesem Wunsch nach Abstand soll die Trennung und das Verlassen in Etappen stattfinden, um es dem ehemaligen Partner einfacher zu machen, damit zurechtzukommen. Die Floskeln „man könne ja befreundet bleiben" sollen Trost spenden. Nach der Liebe und davon bin ich überzeugt, ist aber eine Freundschaft, sozusagen das Abklingbecken der Gefühle, meiner Meinung nach nicht möglich. Meine erste Frau kämpfte noch bei einem kurzen Urlaub in Schottland um unsere Beziehung. Es half nichts, meine Gefühle ließen sich nicht mehr umkehren. Meine damalige Kollegin und heute zweite Frau hatte zwischenzeitlich das Hotel in Nürtingen welches ihr die Firma aufgrund der Versetzung nach Stuttgart bezahlt hatte gegen eine Wohnung in Walddorf-Häslach eingetauscht. Ich verließ an einem Wochenende, mit einem Koffer und dem Nötigsten meinen alten Hausstand, um Unterkunft bei meiner heutigen Frau zu finden. Ein Satz aus ihrer Ratio bleibt mir für immer in Erinnerung als sie trotz ihrer Vorbehalte sagte:"Wenn alles in Ordnung gewesen wäre zwischen mir und meiner ersten Frau, dann hätte ich mich wohl niemals in sie verlieben gekonnt."

Es muss wohl der 05.Oktober 1990 gewesen sein. Wir waren auf dem Flughafen Stuttgart und hatten unsere Flugvorbereitung für den Abendflug nach Mailand durchgeführt und unterhielten uns noch ein wenig (mein

Kollege war Peter H., der in Konstanz bei einem Flugunfall ums Lebens kommen sollte) als der Ramper an Bord kam und mich bat, ihn zu begleiten um von der Station aus mit jemanden zu telefonieren. Es stellte sich heraus, dass einer unserer gemeinsamen Freunde, Kurt S., in Absprache mit Arbeitskollegen meiner ersten Frau aufgrund Ihres mehrtägigen nicht entschuldigten Fernbleibens vom Dienst, diese versucht hatten, zu erreichen. Nun habe man die Polizei verständigt und möchte meine Einwilligung, die Wohnung gewaltsam öffnen zu dürfen. Ich erlaubte dies Vorgehen und teilte mit, mich nach der Rückkehr in Stuttgart zu melden. Zum heutigen Zeitpunkt ist mir schleierhaft wie ich in Ahnung dessen, was dieser Anruf wohl bedeuten würde, es mir möglich war den Flug durchzuführen. An Bord bat ich einen völlig unbedarften Peter H. ob er nicht PF (Pilot Flying) fliegen könne woraufhin seine mangelnde Empathie meiner Befindlichkeit gegenüber dazu führte, dass ich den Flug selbst als Pilot Flying absolvierte obwohl ich mich eigentlich nicht kopffrei genug dafür empfand. Nach meiner Rückkehr, die Gedanken kreisen die ganze Zeit um die Ahnung von Geschehenem, rief ich Kurt S. an, um zu erfahren, dass meine Befürchtung real war, meine Frau hatte sich das Leben genommen. Auch heute noch empfinde ich bei diesen Erinnerungen tiefe Trauer und Schuldgefühle.

Aber das ist eine, meine ganz andere Geschichte.

Das Leben hatte sich stabilisiert, ich wohnte mit meiner heutigen zweiten Frau Stephanie zusammen in Walddorf-Häslach und vollzog von dort meine Einsätze von und nach Stuttgart. Im Frühjahr 1991 wurde ich LTC. (Line Training Captain) für Kapitäne. Das heißt mit anderen Worten man war der Trainer für den Liniendienst neuer Kapitäne und war berechtigt das Luftfahrzeug sowohl von der linken als auch von der rechten Seite aus zu fliegen. Im Jahre 1993 schloss ich dann noch die Funktion des Stationskapitäns in Stuttgart an. Der StationCaptain ist quasi für die Verwaltung einer Station und deren Mitarbeiter zuständig. Beides zusammen addierte sich mittlerweile auf ein Gehalt von ca. 7800,-nt DM im Monat inklusive 13. Das Leben war beschaulich, die Roster (Dienstpläne) relativ stabil, allerdings änderte sich die Variante zu Hause zu schlafen, den Dienst von und nach Stuttgart zu erledigen, um wieder Zuhause den Feierabend verbringen zu können mehr und mehr von anfänglichen Einzelübernachtungen auswärts im Hotel zu Übernachtungsketten. Damit fiel ein Kriterium weg, was das Fliegen eines Turboprops damals vergleichsweise attraktiv machte in Relation zu dem im Selbstverständnis „angesehenerem" Fliegen eines Jets mit ferneren Zielen und somit größerer Übernachtungswahrscheinlichkeit. Ein Trugschluss wie die Zukunft weisen würde. Es gibt auch Kurzstrecken und selbst im Jet-Inlandsverkehr jede Menge sinnloser Übernachtungsketten.

A propos Jet fliegen: Dieser Sachverhalt wird zwar wortgewaltig in Pilotenkreisen in Abrede gestellt, aber Sie können mir glauben, gäbe es das etwas bizarre Szenario 60% Salär Bezahlung auf einem Jet gegenüber einem Turboprop, würde sich die Mehrzahl der Piloten für den renommierten

Jet entscheiden.

Also wurde allmählich aus Tagesdiensten mit Doppel-Genf, früh oder spät oder Stuttgart-Genf-Venedig (4 Stunden Aufenthalt)-Retour nach Stuttgart bzw. vergleichbar anstatt Venedig ein Nizza Aufenthalt Mehrtages-Umläufe: Stuttgart-Lyon-Stuttgart-Bremen (Hotel Aufenthalt), tags darauf Bremen-Zürich-Friedrichshafen-Münster (Hotel) und so weiter und so fort. Unter unserer Geschäftsführung Herr Heideker wurden Nightstops eher zur Regel als zur Ausnahme. Für den nicht in unserer Branche tätigen Betrachter hört sich das nach charmanter Abwechslung vom täglichen Einerlei an, was für einen gewissen Zeitraum auch zutreffen mag, als Standardeinsatzprofil aber über Jahre hinweg als sehr belastend empfunden wird. Bei Delta Air kam noch dazu, dass die jeweiligen Crew-Unterkünfte an Destinationen gefunden werden mussten, seitens der regionalen Bedeutung des öfteren schwierig darzustellen war, nicht Garni-Hotels zu finden. So mussten ja Hotels nahezu beliebige Check-in Check-out Zeiten darstellen können und das zu Pauschalpreisen, da Airlines ja diesbezüglich sparsam sein müssen und Arrangements bevorzugen die einen nahezu tageszeitlich unabhängigen Zimmerpreis garantierten. So erinnere ich mich noch daran, dass es 3er „Hotelanläufe" in Münster bedurfte, um endlich im dortigen Mövenpick Hotel am A-See als Crew entsprechende Unterkunft zu finden. Ganz schön arrogant werden Sie jetzt denken? Vielleicht hilft folgende Schilderung bei Ihnen ein klein wenig Verständnis hevorzurufen. Als Münster neu bei den Nightstops aufgenommen wurde, war unsere erste Unterkunft in der Nähe von Greven ein Gasthof, der Abseits von Nirgendwo an einer Bushaltestelle an einer Landstraße sich befand. Es gab von dort kein Wegkommen und auch keinerlei Möglichkeit sich anderweitig zu verköstigen. Darüber hinaus war es eine Lage, die, wie für die Region um Münster üblich, häufig den beißenden „Duft" von Schweinegülle mit sich brachte. Sie waren somit in ihrer Freizeit „Insasse" im dortigen Landgasthof in einfachsten Zimmern untergebracht und von jeder sozialen Aktivität ausgeschlossen. Solcherlei „Verbannung" akzeptiert man als Ausnahme, als Dauerzustand ist es aber eine kaum zumutbare Einschränkung ihrer außerdienstlichen Lebensführung. Und Handys oder Smartphones und Tablets, die Einsamkeitsüberwinder von heute gab es noch nicht. Ich hatte mir zum damaligen Zeitpunkt also die Mühe gemacht der Geschäftsleitung gegenüber mittels einer Unterschriftenaktion betroffener Kollegen diese Unterkunft unter der Überschrift: „Beim Schweinebaron gekidnappt" zu verweigern. In der Folge wurden wir auf einem ehemaligem, nun mehr stadtnahen, geruchsneutralen zum Hotel umgebauten Gutshof Eichenhof untergebracht. Die kleine Ortschaft Greven war nun mehr in 10-minütigem Umkreis zu Fuß zu erreichen und wir waren mit diesem kleinen Hotel, in dem jedes Zimmer individuell eingerichtet war, mehr als zufrieden. 10 Minuten zum Flughafen, 10 Minuten zur Innenstadt, die Balance von Aufwand und Ertrag bezüglich von Arbeit und Freizeit war gegeben. In der Folgezeit, durch Änderung des bereits erwähnten Einsatzprofils mit vielen Übernachtungen, zog es die Firma jedoch vor, größere Hotel Ketten als Vertragspartner für unterschiedliche Zielflughäfen vertraglich zu binden. Dies war häufig wohl günstiger in Kombination mit einer Crew-Transport Pauschale. Mit anderen Worten nach dem dem Dienst 30-Minuten Proceeding (Fremdtransport) zum Hotel und 30-Minuten Proceeding am nächsten Tag zum Dienst waren mit Hotel Pauschale billiger als die oben genannte Variante vor Ort. Das heißt für sie als Crew man nimmt ihnen unbezahlte Ruhe und Lebenszeit für Transporte die sie zu jeder Tages und Nachtzeit und bei jeder Witterung absolvieren müssen. Glauben Sie mir, auch in jungen Jahren macht es einen gewaltigen Unterschied, ob der Wecker Sie um 0415 oder um 0445 aus dem Tiefschlaf holt.

Bei all den Angelegenheiten, die mit den Übernachtungen der Crew in Zusammenhang stehen hatte ich des öfteren den Eindruck, dass die sogenannten „Hotelkommissionen" den Aspekt Ökonomie dem Aspekt Crew-Wellness voranstellten. An dieser Stelle möchte ich eine kleine Erläuterung in Zahlen vornehmen. Doch zuvor möchte ich nochmal zum Ausdruck bringen, sich ganz bewusst vor Augen zu halten, dass es hier nicht um freiwillige Aufenthalte während eines Urlaubes im Hotel geht, sondern um dienstlich verordnete Übernachtungen fern von Zuhause.

Bei 42 Tagen Urlaub im Jahr bleiben 10,5 Arbeitsmonate zu durchschnittlich je 19 Arbeitstagen. Setzen Sie dabei 5 Übernachtungen an (zeitweilig 5-8 Übernachtungen) so kommen Sie im Jahr auf 52 Übernachtungen als unterste Grenze. Pro 10 Dienstjahre sind das 520 Übernachtungen und dem zufolge bei 30 Dienstjahren 1560 Übernachtungen. Dies teilen Sie durch 365 und Oh Wunder bzw. Dank an die Mathematik kommen Sie auf 4,2 Jahre durchgehender Aufenthalt im Hotel. Glauben Sie mir kein Zimmer kann den Charme vermitteln, dass Sie es über 4 Jahre Ihres Lebens für attraktiv empfinden, es sei denn es bietet 300qm² Fläche, den Blick auf den Garten von Versailles mit den Rocky Mountains im Hintergrund, Sauna/Solarium und Whirlpool auf dem Zimmer mit HiFi Anlage und Cinemascope Lounge mit Doublesided Fridge und Shuttle Service zum 100m entfernten Strand mit Bar und Restaurant. Es geht aber auch anders und das ist häufiger der Fall: 18-20qm² mit Blick auf den Innenhof, abgewohnten und angemackten Möbeln, ratternder Klimaanlage, neben dem Fahrstuhl gelegen mit funktionslosem leeren Kühlschrank, siffigen Teppichböden, schimmliger Dusche, Toiletten eingebaut nach der Devise „Welchen Platz haben wir noch zur Verfügung?" Im übrigen halte ich Handwerker nicht per se für wirklichkeitsfremd, sie müssen in den 3-4 Sterne Schlafboxen ihre Arbeit als einzigen Kompromiss ausführen. Warum dieser Gedanke? Weil aufgrund der Enge Türen sinnigerweise gegeneinander treffen, weil Toilettenpapierspender hinter dem Sitz oder nur im Kreuzgriff neben dem Sitz erreichbar montiert wurden. Andere „Höhepunkte" eine angesehene Hotelkette betreffend (Holyday Inn) in Berlin waren Sitzmöbel im Zimmer mit echtleder Bezug auf denen man Flecken fand, die jede Körperflüssigkeit als Ursache zu vermuten nahelegen konnte. Oder eine Erfahrung mit mit dem noblen Haus einer großen Hotel Kette in Hamburg -trotz alledem noch immer eins meiner Lieblingshotels die da war, dass ich bei unvermittelter Rückkehr auf mein Zimmer beobachten durfte, wie der Zimmerservice die Trinkgläser mit dem gebrauchtem Körperhandtuch reinigte. Auch entsinne ich mich in Berlin in einem der langjährigen Crewhotels an ein Zimmer, in dem es aufdringlichst nach Raumspray etc. duftete. So intensiv, dass ich aufgrund der Penetranz mich fast Kopfweh davon bekam. Ich fand dann hinter dem Vorhang an zwei Stellen solche Duftspender. Meiner Logik zufolge war dieser massive Duftangriff nicht ohne Grund, hatte ich so etwas noch nie vorher erlebt. Also zur Rezeption und etwas naiv nachgefragt, ob denn Duftspender neuerdings in den Zimmern Wohlgerüche erzeugten? Die Antwort war nein. Meine Gegenfrage war dann mit welcher Begründung gerade auf meinem Zimmer solcherlei Duftattacke „geritten" werde. Man gab sich ahnungslos und ich mutmaßte, dass evtl. dort jemand evtl. entschlafen sein könne, worauf man dies in Abrede stellte. Ich bestand allerdings auf ein anderes Zimmer, was mir trotz „Überbuchung" gewährt wurde! Allein, was ich über die Jahre hinweg feststellte war die Tatsache, dass ein Hotelstern eher Bestandteil eines Logos denn Teil einer standardisierten Beurteilungsskala war. Das hört sich sicherlich etwas arrogant an, hat aber mit den zuvor gemachten Ausführungen bezüglich der Tatsache, dass das Hotel zum zweiten Zuhause wird, zu tun. Wenn man freiwillig privat reist, dann sieht das alles ein wenig anders aus. Dienstlich hatte ich gegen Ende schon keine Illusionen mehr und mein an der Rezeption routinemäßig vorgebrachter Wunsch war: „oberes Stockwerk, weg vom Lift und damit einhergehend ruhig und hoffentlich sauber. Ich werde noch gelegentlich diesbezüglich weitere Beispiele im Verlauf meiner Memoiren einbringen.

Was das Fliegen zur damaligen Zeit betrifft, so gab es viel Arbeit und wenig Freizeit. Man flog oder hatte frei und frei haben hieß Schlafen und regenerieren. Man war in einzelnen Jahren nun schon mit 900 Flugstunden Anfang Dezember „Abgeflogen". Das hieß, man hatte bis zum Jahresende keinen Dienst mehr, da das Limit erreicht war. Ich habe immer wieder mal gesagt, in solchen Jahren im Herbst, dass man so fertig ist, dass man sich den eigenen Namen für die Passagierbegrüßung auf die Handfläche schreiben sollte, damit man diesen nicht vergisst.

Was gab es sonst noch zu jener Zeit?

Ab und zu einen Promi dabei, mal wieder einen Vogelschlag in 3000 Fuß nachts über den Wolken. Wir hatten Genf hinter uns gelassen und waren im Sinkflug auf Lyon bei niedriger Bewölkung, als es einen kräftigen Schlag auf die Mittelstrebe der Cockpit Frontscheibe gab. Wie sich am Boden herausstellte, war es ein großer Vogel gewesen, der allerdings außer Blut und Debris nichts hinterlassen hatte. Dennoch, der Flieger muss im Anschluss von der Technik überprüft werden auf Beschädigungen und ob Tierbestandteile das Triebwerk erreicht haben. Das könnte verbogene Turbinenschaufeln mit unabsehbaren Folgen oder ähnliches mit sich bringen. Im Zweifelsfall boroskopiert die Technik auch schwer zugängliche Bereiche eines Triebwerkes. Es kann ja auch sein, dass der Vogel beringt, d.h. mit Metallfußring versehen war oder für Forschungszwecke einen Sender trug?

Warum erwähne ich einen Vogelschlag ohne große Folgen?

Weil mir bis heute ein Rätsel ist, was ein vermeintlich großer Vogel als Einzelgänger nachts über geschlossener Wolkendecke zu suchen hat.

Da die Luftfahrt allgemein sehr sensitiv auf Rückstände (FOD Foreign Object Damage) am LFZ oder auf Rollwegen, Plätzen und Startbahnen reagiert hier noch eine kleine

Anekdote:

Die DELTA AIR Tristar Heavy Aircraft aus Atlanta im Anflug auf Stuttgart. Wir an der Schwelle zur 25 mit SAAB 340

Funkverkehr.

TWR : „Delta Air …. We have information about
rabbits on the Runway"
(DeltaAir…..es gibt Informationen
über Kaninchen auf der Startbahn)

TWR erwartete Entscheidung ob Landung oder GoAround!

Dann sonore Texas-Bassstimme antwortet vgl. Lee Marvin!

Delta Air: „Oh that`s bad……..." (Pause)
                      „Oh das ist übel……." (Pause)

Delta Air: „For the rabbits!
                      „Für die Kaninchen!

Kurz danach landen ca. 150 Tonnen Tristar problemlos in Stuttgart

Doch lassen wir den Fluss der Erinnerungen weiter fließen und wenden uns einem weiteren Aspekt der Physis zu. Ich kann mich noch an Heidi S. Erinnern, die trotz Erkältung geflogen war. Dies ist eine weit verbreitete Unsitte, die man trotz Berufs-Schulung, auch Physiologie gehört dazu, auch dem Dienstantritt aus vermeintlichem, aber falsch verstandenem Pflichtgefühl immer wieder geschuldet erlebt. Nach gerissenem Trommelfell musste sie unter starken Schmerzen von den Sanis vom Flugzeug geholt werden.

Für den Unbedarften ist es eigentlich nicht ganz nachvollziehbar warum man auch bei kleineren grippalen Infekten als fliegendes Personal zum Arzt gehen sollte und zwar zu einem Arzt mit diesbezüglichen Vorkenntnissen. Das Wissen um Baro-(Druck) Einflüsse kann man bzw. der Arzt zwar theoretisch erwerben, um aber diese Belastung zu respektieren bei der Diagnose sollten eigene Praxiserfahrungen beim behandelnden Arzt vorliegen. Am besten fliegt er selbst in irgendeinem Bereich der Luftfahrt. Sei es privat oder nebenberuflich etc.. Grund für diese oft unterschätzten gravierenden Konsequenzen sind die Druckzustände in der Flugzeugkabine, die deutlichst das Wohlbefinden beeinträchtigen können und die man aus praktischen Erfahrungen kennen Sollte

Ich habe bei meinen Briefings, auch aufgrund wider besseren Wissens selbst gemachter eigener dämlicher Erfahrung stets folgende Vorgehensweise empfohlen: „Wenn ihr Euch nicht wohl fühlt oder erkältet seid, auch in geringem Maß, dann teilt der Firma mit, ihr seid krank und könnt nicht fliegen und ihr geht zeitnah zum Arzt und lasst Euch AU schreiben. Das hört sich übertrieben an, trägt aber diversen Besonderheiten in Luftfahrtberufen Rechnung. Erstens sind Mitarbeiter in der Kabine nicht „Trolley schubsende, Hilfskellner und zweitens ist es hygienisch unappetitlich von einem Angestellten mit verrotzter Nase, hustend, röchelnd oder prustend unter womöglich noch Mitleid erheischendem Hinweis auf die eigene Gesundheitslage, den Kaffee, Tee, Sekt etc. mit am Glasrand oder Becherrand anfassenden Fingern, serviert zu bekommen. Und zu ersterem noch der Hinweis, dass durchaus ein Druckunterschied vergleichbar einer Außenhöhe von 2500M in der Kabine herrscht. Da das Pressurization System bis zur Landung den am Boden herrschenden Druck nahezu herstellt wird der im Reiseflug geduldete etwas niedrigere Kabinendruck dem am Boden herrschenden aktuellen Druck angepasst. Das führt im Schnitt zu einem Sollwert Druckanstieg von 7-9 PSI oder etwa ½ Atmosphäre im Sinkflug auf Flughäfen. M.a.W. sie tauchen drucktechnisch auf 5M Tiefe. Mildernd über einen ca. 20 Minutenzeitraum. Die verhältnismäßig lange Zeit lässt sie unmerklich den Druckausgleich vollziehen. Wenn Sie schnell abtauchen haben Sie sicherlich schon einmal das Stechen im Ohr bemerkt, sollten Sie nicht mit den Fingern die Nase zugepresst haben, um ihre nach innen gewölbten Trommelfelle wieder gerade zu richten. Sind allerdings die Nasennebenhöhlen zu (mit zähem Nasensekret, schlicht zähem Rotz verstopft und die Eustach´sche Röhre dicht und der Rachen geschwollen ist kein Druckausgleich möglich oder mit anderen Worten, das Trommelfell wird von außen nach innen gepresst, was schmerzhaft ist. Einblutungen am Rand des Trommelfells oder im worst case ein Reißen desselben kann die Folge sein mit Schwindelgefühl durch temperatur- oder mechanische Irritation des Gleichgewichtssinns und unerträglichem, stechenden Schmerz. Wie von meinem Kollegen, Thomas W. Aus leidiger, eigener Erfahrung beschrieben. Seinem Bericht zufolge etwas „angeschlagen" zum Dienst und mehrfach vergeblich im Sinkflug der Versuch den zunehmenden Druck auszugleichen. Als Besitzer einer Tauchschule am Bodensee schlichtweg der beste Fachmann in Bezug auf das Barosystem. Er schilderte anschaulich vom plötzlich Gelingen des Ausgleichs mit augenblicklicher Entspannung des Trommelfels und der Konsequenz das dieser kleine „Schlag" aufs Gleichgewichts-System augenblicklich zur räumlichen Desorientierung führte und er, im Anflug auf München, seinem F/O mit „you have control" die Führung der Boeing übergeben musste.

Meine eigenen Erfahrungen mit Baro-Problemen wider besseren Wissens waren übrigens, trotz unzählige Male von mahnender Briefings, siehe oben, aus der Kiste „Hey Captain....warum machen Sie so wenig „,na sie wissen ja schon!

Es war Wochenende, wie üblich eine angespannte Personalsituation und an diesem Tag nach Köln der letzte von 4 Flügen. Ich war derzeit in Köln nach Upgrade Boeing im Einsatz und wollte mit frisch sich entwickelnder „kleiner" Erkältung den Tag vor der Fahrt nach Hause (Köln-Stuttgart) noch hinter mich bringen. Bereits zum Sinkflug des ersten Sektors bemerkte ich, dass ich Schwierigkeiten mit dem Druckausgleich hatte, allerdings eher einseitiger Natur. Doof, wie man ist, erfüllt man dennoch seine Pflicht, zumindest dies letzte Mal, was solcherlei gesundheitliche Aspekte angeht. Dann im Anflug auf Köln. Ich hatte einen wahnsinnig zunehmenden, stechenden Schmerz auf dem rechten Ohr mit sich ständig verschlechternder Hörfähigkeit mangels der Unmöglichkeit von Druckausgleich.

Die ganze Sache ging so aus, dass ich selbst auf 4stündiger Heimfahrt dumpf auf dem rechten Ohr blieb und sich am Montag darauf bei der HNO-Ärztin eine Einblutung des Trommelfellrandes feststellen ließ und ich für 10 Tage AU geschrieben wurde.

Seither blieb ich meiner eigenen Briefingempfehlungen treu.

Ich will allerdings noch ein paar Dinge diesbezüglich im Sinne des Buchtitels erwähnen.

Zu Beginn meiner Karriere vor 30 Jahren war man ein Team aus Enthusiasten im Aufbruch in eine neue Zeit, man war neugierig, hoch motiviert und man wurde mit Namen als Person wahr genommen. Mangel an Personal, Material und Ausrüstung (Ferry-Flüge) wurden im Team versucht zu lösen, es wurde gebeten, versprochen und gehalten. Das Zauberwort hieß Gegenseitigkeit. Geschäftsführern folgten Manager und sie wurden von einer Person zu Name mit Nummer. Es wurde viel versprochen und wenig gehalten. Dann kamen die CEO´s und sie als Mitarbeiter wurden nur noch als Nummer mit Funktion betrachtet. Es wurden Perspektiven verkauft, viel gefordert viel versprochen und wenig gehalten und Erhaltenes immer wieder in Frage gestellt.

In dieser Phase gingen die Kollegen nicht mehr aus naiver Solidarität krank zur Arbeit oder aus dem Missverständnis der eigenen gesundheitlichen Situation gegenüber. Sie gingen auch aus ökonomischem Druck. Denn zeitweilig waren Tarifverträge oder Arbeitsverträge in Kraft, die keine Blockstundenkompensation vorsahen. Das heißt Sie haben am 20sten eines Monats den Beginn der geplanten Überstunden erreicht, mit denen sie und ihr Haushalt rechneten und wurden dann krank, dann hatten sie einen anstrengenden Monatsbeginn abgeleistet und zahlten ihre Krankheit selbst durch Wegfall der noch zu erfliegenden Überstunden. Gott sei Dank konnte man diese Schieflage mit Tarifverträgen beenden.

Unter den Managern wurde aber das Geben nach Nehmen abgeschafft. So bekam man seitens der unter personalisierten Firma für Sonderleistungen, d.h. für Flüge aus dem OFF (Freizeit) eine Tagespauschale, was kurzfristige Krankheitslücken seitens der Kollegenschaft schloss, das eigentliche Problem des Fliegens in gesundheitlich angeschlagenem Zustand aber eher verschlimmerte.

Diese Pauschale wurde abgeschafft und durch Sozialdruck ersetzt: „Du, wir haben doch Niemand mehr und die Gäste verpassen ihren….“ „Du hast was gut, wenn Du…….“ „Du bist der, die einzige in ganz Süddeutschland….“ und das ganze in 2 Tonfällen. Lieblich bei der drückenden Anfrage und frostig bei erhaltener Ablehnung.

Das führte bei mir zu folgender Änderung der Wortwahl im

Briefing „Wenn ihr den Hörer in die Hand nehmt und CrewControl wegen Krankheit anruft, dann unabänderlich (entweder man ist krank oder man ist es nicht!) und mit den Worten:" teile ich Euch mit, dass ich Krank bin und somit nicht zum Dienst kommen werde," ohne „wenn" und „aber".

Aber das ist eine andere Geschichte

Dann im Juli des Jahres 1995 die Umschulung auf SAAB 2000. Wie zuvor bereits erwähnt, wurde bei DBA, die 1992 mittels Mehrheitsbeteiligung an Delta Air seitens British Airways als Deutsche Tochter (Stern 29/1992; S147: „Den Kranich rupfen") gegründet worden war, neben dem Betrieb von Boeing 737 und Fokker 100 zusätzlich auf SAAB2000 gesetzt. Die Manie mit der dieses weder Fisch noch Fleisch darstellende (komfortabel aber zu klein, schneller als SAAB340 aber langsamer als ein Jet, höher fliegend 31000ft aber für das „Wetter" nicht hoch genug etc.) Muster anzuschaffen verteidigt wurde ließen auf vielfache vor der sachkundigen Belegschaft verborgene Vorteile schließen.

Die Umschulung in Basel bei Crossair war perfekt. Am dortigen Flughafen gelegen war ein sehr modernes Gebäude für Maintenance (Wartung)und Training sowie Schulung gebaut worden. Die Schulungsräume waren hell und proper, modern ausgestattet und eingerichtet. Zum Komplex zählte auch eine Kantine mit hervorragender Küche und es gab offensichtlich Putzkräfte, die mehr als nur einen „Wish" über die Armaturen vollzogen. Man hatte das Gefühl, in einem wirklich guten und gepflegten Ambiente eingecheckt zu haben! Das war Teil dieses selbstwertigen Schweizer Lebensgefühls, wie mir heute scheint. An zwei Dinge damals erinnere ich mich noch genau:

- die Crossair hatte Cabin Recruitment.

Da die Schweiz vielsprachig und Basel im Besonderen am Dreiländereck liegt und es zusätzlich auch eine italienisch geprägte Schweiz gibt, waren Bewerberinnen aller Regionen vertreten, die sich auf die relativ gut dotierten Stewardessen Stellen bewarben. Ja, den Ausdruck gab es damals noch.

Wurde jedoch im Rahmen von Gehaltsbeschneidungen zeitgleich zu Flugbegleiter,in. Diese, ich will es mal so nennen „Ausdrucksverjüngung" rechtfertigt ja schließlich geringere Bezahlung, oder? Bei Air Berlin gab es schon diesbezügliche Angriffe seitens der Personalchefin Frau Dr. Niemann, indem ihrerseits für Piloten schon der dreiste Vorstoß der Facharbeiter-Titulierung gewagt wurde. Perfide Tiefenpsychologie

Doch nun Zurück nach Basel.

Mann saß also in der Pause in der Eingangslounge und und nach einer gewissen Zeit fragte man sich, ob man eventuell bereits, ohne es zu wissen, mit dem Flugzeug tödlich verunglückt war und sich bereits im Paradies befindet. So viel gepflegte Anmut, Grazie, gebildete Wohlerzogenheit und natürliche oder perfekt geschminkte Schönheit, gepaart mit sprachlicher Vielfalt habe ich nie wieder in solcher Häufung erlebt. Es war einfach nur schön anzusehen!

Ach ja, da war noch was…..

Die Crossair bot Charterflüge über die Alpen nach Lugano etc.

Wir kamen aus dem Schulungsraum, es war Samstag, und eine Hochzeitsgesellschaft begab sich gerade vor das Gebäude nach ihrem Rundflug. Eigentlich nichts Welt bewegendes.

Was dann geschah aber doch schon.

Vor dem Gebäude fuhr ein Autotransporter vor, weiß und in chrom mit einem Ferrari auf der Ladefläche, der sich unter einer riesigen roten Schleife befand.

Sie haben das noch nicht erlebt. Ich nehme an Ihr Schwiegervater mag Sie nicht?

Doch das ist wohl wieder eine andere Geschichte

Wie dem auch sei, seit 1992 wuchs die Deutsche BA und sukzessiv bewarben sich auch SAAB Piloten für den Übergang nach Assessment. Es war dies ohnehin die Zeit der Bewerbungen und man bestand oder failte Assessments nach dem Prinzip sie liebt mich sie liebt mich nicht.

Südflug nein,	weil kein Wachstum mehr
FTI	Warteliste
CitiLine	nein am 3.Tag
LTU	ja, aber selbst Absage aus familiären Gründen.
HAPAG-LLOYD	ja, aber Rückzieher wegen Stationsort

usw. usf.

Exkurs:

Eigentlich bewarb man sich, um die Karriere zu vervollständigen und um für einen sicheren Arbeitgeber arbeiten zu können obwohl man in der gelebten Situation nicht unzufrieden war. Der Fluch der KLO-Balisierung ist die komplette Instabilität eines jeden Arbeitsplatzes. Egal, ob sie Hochleister im Job sind oder nicht, außer am Gehalt nimmt keine Lebensqualität zu. Alle Faktoren der Arbeitslebensführung sind der Chaos-Theorie zugeordnet. Stimmt das Geld droht Stationsschließung und Umzug. Ist die Station stabil wird Gehalt gekürzt. Ist das nicht der Fall nehmen Nightstops überproportional zu. Ist das einigermaßen erträglich wird der Standby ausgeweitet. All dies um im Test-Labor der Eitelkeiten und alter Rezepturen der Unternehmensführung durch freie Kombination aller

Parameter Erfolgen nachzujagen. Wirklich Neues ist da nicht dabei. Der alte Wein wird immer wieder umgefüllt in neue Schläuche. Beim Roten (Strukturen) evtl. noch erträglich, beim Weißen (Abläufe) fatal, die Qualität aber leidet eben bei beiden. Physik: Wenn ich ständig umorientiere verbrauche ich Energie und Kraft, bleibe aber auf der Stelle stehen. Diese farige Orientierungslosigkeit führt letztendlich zu sinnlosem drauflos Dreschen. Es geht in der Wirtschaft zu wie bei Octagon bzw. Bloodfight. Manager haben jegliche Moral, Ethik und Empathie verloren. Zur negativen Potenzierung dieses menschlichen Mankos der obersten Führung gesellt sich dann noch ein Höchstmaß an Selbstüberschätzung mit Allmachtsphantasie und exponentiellem Egoismus sowie Realitätsverlust. Anders nicht zu erklären ist die Frage nach den Gründen für mangelnde Motivation der Mitarbeiter? Das dies mit, den von oben in geistiger Schlichtheit nicht mehr zu toppenden, ausgegebenen dümmlichsten Motti und Parolen bzw. Leitsätzen, zusammenhängt die die Arbeitnehmerschaft verhöhnen statt diese durch Wertschätzung für ein gemeinsames Ziel zu begeistern, scheint den Schöpfern von derlei Hirninfarkt Blähungen nicht in den Sinn zu kommen. Hier beginnt auch das größte Missverständnis in den Köpfen einer andauernd wechselnden Führung des Unternehmens. Man fühlt sich als neuer Macher mit neuen Produktionsmitteln. Human Resources, die aber bereits müde von unzähligen Schlachten und Offensiven sind und denen dann ein wohl genährter neuer Feldherr erklärt, er sei einer von ihnen und man müsse bei gleicher Ration, -verehrt mich, dass ich sie Euch nicht gekürzt habe-, noch mehr Kriege führen. Mit Verlaub, die für dumm Verkauften, naiv zu beeinflussen geglaubten MA fühlen sich dann eben nicht mehr zugehörig. Die innere Kündigung untergräbt fortan jedwede Solidarität mit dem Management. Wie beim Druckausgleich: Wo viel CEO-Rotzigkeit vorhanden ist nimmt die Schmerzempfindung bei gehörten

Märchen seitens der Belegschaft zu. Damit lassen sich eigentlich nur noch Berufsanfänger ködern.

Aber das ist eine andere Geschichte

Zur Gründung der DBA und deren Bedeutung noch ein paar Zitate aus zuvor erwähntem Artikel, Stern 29/1992; S147: „Den Kranich rupfen" von Franz Kraft

„Zuerst bekommt jeder Gast ein Saunatuch zur Erfrischung der Hände. Dann wird Glas Sekt gereicht, anschließend das Frühstück serviert: Quark, Wurst, Käse, Marmelade und vier verschiedene, appetitlich duftende warme Brötchen. Nachdem das Geschirr abgeräumt ist, werden erneut Sauna-Tücher verteilt-Service auf einem normalen Linienflug der neuen »Deutschen BA« von München nach Berlin. Solchen Komfort gab es auf innerdeutschen Flügen bisher nur als die Germanwings ein paar Monate lang Ihren luxuriösen Linienverkehr betrieb. Nach diesem Rezept will jetzt die British Airways... der Lufthansa Konkurrenz machen."

„Weil Sie in Deutschland noch nicht als Mehrheitseigner einer Fluglinie auftreten darf, kaufte British Airways zusammen mit der Commerzbank (19%), Berliner Bank (16%) und Bayrischen Vereinsbank (16%) für 60 Millionen Mark die in Friedrichshafen am Bodensee ansässige Regionalgesellschaft Delta Air und gründete die DBA."

„Die Neue Gesellschaft... bedient mit 10 Turboprop-Maschinen das übernommene Streckennetz in Süddeutschland und der Schweiz und fliegt in den kommenden 4 Monaten mit drei neuen Boeing 737 von München und Stuttgart nach Berlin. Im Herbst kommen vier weitere 737-Jets und die Städte Bremen, Münster, Düsseldorf, Köln, Leipzig und Dresden hinzu. 1993 wird die

DBA-Flotte um drei Boeing 767 erweitert und der Flugbetrieb International ausgedehnt: London, Paris, Barcelona oder Madrid, Warschau, Moskau oder Leningrad. Danach die Fernziele Tokio, Los Angeles, San Francisco. Als die British Airways Manager vor der Frage standen ob Sie... der Lufthansa durch niedrigere Tarife oder besseren Service auf dem Deutschen Markt Konkurrenz machen sollten, entschieden sie sich für den leichteren Weg. »Wenn wir niedrigere Flugpreise beantragt hätten«, sagt Richard Heideker, Chef der deutschen BA, »hätten wir unsere Genehmigungen nicht so schnell bekommen.« Denn das Bonner Verkehrsministerium möchte so lange wie möglich Konkurrenz von der LH, die mehrheitlich in Bundesbesitz ist, fern halten."

Wie der geneigte Leser bereits diesem Artikel entnehmen kann konnte sich die LH bereits vor vielen Jahren auf mächtige Verbündete verlassen.

Franz Kraft: Stern 29/92; S.147

Zitat: „Die Lufthansa gibt sich kühl...»Für uns ist es unerheblich ob der Mitbewerber DBA heißt oder sonst wie.«Lufthansa Chef Jürgen Weber wird im kleinen Kreis deutlicher: Wir werden DBA bekämpfen, wie man einen Konkurrenten eben bekämpft.«"

Nach 25 Jahren (fast so gut wie der 30-Jährige Krieg) dann endlich der Sieg über ex DBA, ex LTU und Air Berlin. Gut, wer mächtige Freunde hat und zugewogene Minister kennt.

Hier möchte ich, entstanden anlässlich eines traurigen Vorfalles, des „Absturzes" von GW 9525, auf ein Bild vor einem Untersuchungsausschuss hinweisen, welches ohne Worte mehr als 1000 Worte sagt und welches mich an das Getuschel während Klassenarbeiten erinnert.

https://www.focus.de/fotos/carsten-spohr-r-und-alexander-dobrindt-im-verkehsausschuss_id_4630996.html

irgendwo kommt mir der Titelsong aus :

„Die Drei von der Tankstelle"

in den Sinn?

Doch das ist eine andere, die Air Berlin Geschichte:

Privat hatte sich auch folgendes (1992-96) bei mir/uns entwickelt.

Steffi und ich lebten nunmehr zusammen und erwarteten 1992 unser erstes Kind. Wir planten aus der kleinen Galeriewohnung zunächst nach Wannweil umzuziehen. Eine schöne Wohnlage und eine Wohnung, die wir komplett renovierten, um sie schließlich doch nicht zu beziehen. Während der Renovierung wurden so viele Lügen seitens des Vermieters entdeckt, dass schließlich das in Abrede gestellte Vorhandensein von Asbest, das Tüpfelchen auf dem Kündigungs „i" darstellte. Übrigens wird Ihnen vor Gericht Ihre Arbeitszeit nicht angerechnet als auch der Logik Folge geleistet, dass sie keinen Ersatz beanspruchen können für eingebaute z.b. Sanitäranlagen, es könne ja der alte Zustand wieder hergestellt werden. (Müllkippe fahren, altes Waschbecken holen, wieder einbauen?) Warum diese kurze Erläuterung? Lebensresümee: Lügen wird belohnt!!

Also auf die Schnelle eine andere Wohnung, wieder in Walddorf-Häslach gemietet und umgezogen.

Mein Sohn kommt 1992 zur Welt, meine Tochter 1994.

Das Gehalt lag bei ca. 9300,-DM brt, (inkl. Zulagen für Supervisor 250,- und StationCaptain 500,-) netto ca. 6700,-DM, die Wohnung kostete 1200 DM mit Gartenanteil, NK 250, Krankenkasse 1400,-DM, Autofinanzierung 700,-…NK Haus 300,-DM, Tel etc. 200,-. 900,-DM Lebensmittel, KiGa 150,- Sonstiges 200,-

Ca. 1400,- DM, frei 4 Personen Haushalt und 2 Hunde (Weimaraner), das Leben war gut zu uns, wobei ich anmerken will, dass ich häufig in Richtung Absicherung der

Zukunft einiges in eigene Geschäftsideen investierte (Security:Gebäudefernüberwachung mittels modernster Technik / Ausstellung: Messer & Klingen etc.pp.). Leider waren die Ideen oft nur für kleines Publikum von Bedeutung oder zu fortschrittlich für Bankenförderung so dass sie für uns keinen wirtschaftlichen Zugewinn mit sich brachten, sondern nur Ausgaben in der Prä-StartUp-phase. Allerdings ging ich zu jedem Zeitpunkt meines Lebens von Arbeiten auch nach der Pensionierung aus, es sollte aber eine selbständige Beschäftigung mit Freude für die Arbeit sein!

„Die Zeiten ändern sich" (Slogan DBA)

Eigentlich bin ich nie davon ausgegangen, ein „Eigentum" Zuhause haben zu wollen oder besser ausgedrückt: eine eigene Immobilie fand sich nie in meinem Ehrgeiz wieder. Wir hatten guten Kontakt zu den Nachbarn und fühlten uns in unserer 3-Zimmer Wohnung zwar ohne Flur, mit Wohnungstür direkt ins Wohnzimmer wohl und suchten eigentlich nicht nach Veränderung. Diese Gedankengänge und Einstellungen waren aber meinem Schwiegervater Dr.Dr. Med. und Kieferorthopäde etwas fremd und ich erinnere mich noch gut an den etwas vorwurfsvollen Tonfall der da besagte: „Ein Flugkapitän sollte schon in einem eigenen Haus wohnen!" Dies war ein Gedanke, der in der Art, wie er vorgetragen worden war zum einen irgendwie als sozialer Vorwurf empfunden wurde, zum anderen die Herausforderung in sich barg, es eigentlich anderen Mitbürgern (a Schwoab brauchd a Heisle; „ein Schwabe muss ein Haus besitzen") gleichtun zu müssen. Wir lebten zum dortigen Zeitpunkt in der Hochzinsphase und bezüglich unserer Finanzen war der Blick auf Gespartes, zu Erbendes weniger erfolgreich. Also beginnt man zu stiller Stunde zu kalkulieren, wie viel Geld man für den Erwerb oder den Bau einer Immobilie locker machen kann. Egal wie, man die Zeitungsanzeigen las, quer, längs, von unten nach oben, von oben nach unten schien mir ein derartiges großes Projekt schwer darstellbar, was ich auch so kommunizierte. Der Schwiegervater entwickelte daraufhin die Idee, er könne ja ein sich bereits im Bau befindendes Reihenhaus in Unterhausen bei Reutlingen erwerben und wir dort einziehen. Über die Mietzahlungen an ihn als Vermieter, Schenkungen im Lauf der Zeit und späterem Erbe, so seine Vorstellung, sollten wir das Haus sorgenfrei übernehmen können. Zu diesem Zeitpunkt stellte sich aber heraus, dass ihm der Kauf des Reihenhauses aufgrund einer enormen Steuernachforderung unmöglich war. Allerdings stellte er in Aussicht, sich noch mit einem größeren Betrag (120.000,- Mark) beim Bau eines Eigenheimes beteiligen zu wollen. Dies alles führte dazu, dass das Projekt Eigenheim gedanklich eine zeitliche Streckung erfuhr.

Just in dieser Situation wollte das Schicksal es, dass meine Frau nach einem günstigeren Objekt in den Tageszeitungen und Anzeigenblättchen Ausschau hielt. So erfuhren wir von einem Doppelhaus-Projekt auf der Schwäbischen Alb in Holzelfingen. Wie beim Welpenkauf (man fährt ja nur hin, um sie sich anzuschauen...), fuhren wir wir an einem Sonntag zum Ausflug nach Holzelfingen. Wir fanden das Grundstück mit dem Werbeplakat der Baufirma in traumhafter Ortsrandlage mit Blick auf die Burg Lichtenstein und waren sofort verliebt. Die neugierigen Nachbarn erwähnten auf unsere Nachfrage hin wann denn Baubeginn sei: „O dene ghört des grondstick no net amol." (Dem Bauträger gehöre noch nicht einmal das Grundstücck). Auf unsere neugierige Frage ob man denn wisse, wem das Grundstück gehört, erfuhren wir von einem in Reutlingen wohlbekannten Namen eines Tankstellenbetreibers, eine Firma die auch uns bekannt war. Ich rief in der Folgewoche dort an, um zu fragen, ob es stimme, was die Nachbarn uns zugetragen hatten. Dies wurde in einem knappen Gespräch mit dem Eigentümer bestätigt und kurzfristig wurde ein Treffen vereinbart. Uns wurde eröffnet, dass seitens des Besitzers sehr wohl die Möglichkeit bestünde, dieses von ihm ohnehin für eine Doppelhaushälfte als zu klein erachtete Grundstück (4,5 AR), direkt zu erwerben. In uns reifte der Plan, gemäß schwäbischen Vorbild, nun mehr doch ein frei stehendes Haus zu bauen, allerdings mit der Maßgabe zunächst das Grundstück zu kaufen und dann im Anschluss zu einem späteren Zeitpunkt dort ein Haus errichten zu lassen. Nach „beinharten" Verhandlungen, sie können mit gut situierten, alt eingesessenen Schwaben jeglichen Verhandlungsversuch stornieren, wechselten großzügigerweise um 1,5% reduzierte 168.000 finanzierte DM das Konto. Bei 7,6% Zins in etwa 1000,- DM pro Monat ohne, bzw. 1200,-DM mit 1,5% Tilgung. Als nächstes ist man schließlich beschäftigt damit Dinge zu tun, die man nie vorhatte zu tun. Man besichtigt Fertig-Haus-Ausstellungen (Schwörer, Ausstellungen in Fellbach etc.) und kommt zu dem Schluss, der Unmöglichkeit der finanziellen Darstellung. Doch frei nach dem Motto „der Mensch ist nie intelligenter, als wenn es darum geht, sich selbst zu betrügen," werden Schwindel erregende Kalkulationen vorgenommen und als machbar erachtet. Zum damaligen Zeitpunkt gab es von der Firma WISO ein Programm, ich meine es hieß „Bauen, Kaufen, Wohnen" und bei ehrlicher Eingabe schnitt sich die „Machbarkeitsgerade" nie mit der Möglichkeitsasymptote, aber dazu später. Man telefonierte, holte Angebote ein von Bauträgern und Banken und grübelte über das „Wie"? Dann gesellen sich die Bilder aus der Werbung zum erzeugten Wunsch der Lebensqualität und Altersvorsorge und Generationenabsicherung und schon sitzt man in der Falle. Ich habe auf meiner noch zu erläuternden damals zukünftigen Erfahrungen schließlich vielen jungen Kollegen vom Bauen abgeraten, hatte aber nie erlebt, dass bei einem Bauvorhaben eines Kollegen einen Rat akzeptiert wurde. Die Air Berlin Atomisierung hat nun leider einigen Kollegen schicksalhaft „erläutert" welche Unfreiheit ich mit Bindung an eine Immobilie meinte. Wann immer Sie sich damit tragen, trotz aller Ratschläge es nicht zu tun, in der Luftfahrt Brot und Kleidung zu verdienen, glauben sie mir, und planen sie mit Gehaltseinbrüchen und mehreren Einsatzorten. Haben Sie genug Eigenkapital und stört Sie nicht Ihre Immobilie zu verkaufen oder zu vermieten, dann Bauen oder Kaufen Sie. In allen anderen Fällen legen Sie ihr Geld in Gold an und kaufen Sie am Ende ihres Arbeitslebens, wenn Sie Ihre finanziellen Möglichkeiten im Alter tatsächlich kennen, am Ort Ihrer Wahl eine Neue, für viele Jahre renovierungsfreie Heimstadt. Bei den Großerben sieht dies alles natürlich differenzierter aus. Das sind die Damen und Herren, die heutzutage ohne Salär gegen Eigenbezahlung fliegen, um Flugstunden zu sammeln und die es sich leisten können auf Kosten derer, die von ihrem Berufseinkommen leben müssen, das völlig falsche Zeichen an die Arbeitgeber zu senden.

Aber das ist eine andere Geschichte

Wir machten noch viele Fehler! Vom Heraussuchen der falschen Bank (Deutsche Bank), die nicht für Finanzierungen von Immobilien aus privater Hand aufgestellt war bis zu der Erkenntnis dessen, dass Bauträgerreferenzen auch die Namen der bezogenen Bauleiter beinhalten sollten (sonst ist der gegenwärtige z.b. alkoholabhängig was die Aufsicht deutlich bezogen auf Planungszeiten etc. beeinflusst), noch das Worte eines Schwiegervaters sicherlich gut gemeint, aber nicht von belastbarer Verlässlichkeit geprägt sein können.

Kurz und schlecht, mein eher sparsam situierter Vater steuerte 50.000 Mark Altersvorsorge bei, damit die 70.000 Mark des Schwiegervaters zusammen 120.000 ergaben. Denn just als die Tinte unter den Verträgen trocknete kam der Rückzieher des Vaters meiner Frau. Dies führte schließlich zu einer Belastung von 3200 DM netto für Haus 346.000 und Grundstück, ohne Außenanlage und Außentreppe, mit Duschtasse ohne Duschkabine, Allergiker Auslegeware etc. pp.

Letztendlich summierte sich alles mit Garten, Carport und Außenanlage, Keller auf ca. 17% Eigenkapital, was schon ein wenig knapp war, was aber schön gerechnet wurde mit Lohnzuwachs von 2,5% / Jahr erwartet….

Aber das ist unsere andere Geschichte

Es begab sich aber zu der Zeit..... und nun folgt die Beschreibung aus individueller Betrachtung des Limes zum Abgesang auf die Arbeitsbedingungen in dieser Branche, die ehemals zur Creme de la Creme dessen gehörte, was man als abhängig Beschäftigter als Berufswunsch und -tätigkeit sich erwählen konnte.

Ich war 1996 Kapitän auf SAAB 2000 und eigentlich mit der Welt zufrieden. Einsatzort war Stuttgart, wir hatten unseren Hausbau in Arbeit, die Kinder waren gesund und munter, wir besaßen einen 5Jahre, 120.000 km alten, gebrauchten 7er BMW aus Doppelverdienerzeiten und einen Daihatsu Cuore als Zweitwagen. Eine Limousine für Familie, Sicherheit, Fahrspaß und Reise, der Kleine für den Alltag. Mischkalkulation gebe ich zu, etwas extrem. Klingt aber nach mehr als es war. Der BMW hätte uns fast aufgefressen, war die Anschaffung gebraucht mit 90000 km zu einem Fünftel des Neupreises zwar ein „Schnäppchen" gewesen als Privatfahrzeug aber der Unterhalt eine Tortur mit 1500 DM alle 17000 km für Reifen, 15L Sprit/100km, Wartung etc. Also haben wir beide Autos in der Bauphase in einen neuen Renault Twingo „verwandelt" mit 50PS aber mit Klimaanlage!! Ein Raumwunder!

Ich war zu dieser Zeit in der Personalvertretung der DeltaAir, DBA als Mitglied und musste plötzlich Abwägen ob ich zu Regional Airlines aus Frankreich ginge oder bei DBA auf BOEING umsteigen will. Was war geschehen? Die „durchgezwungene" SAAB 2000 passte nicht mehr ins Geschäftsfeld und sollte ausgegliedert werden. Regional Airlines, Sitz in Nantes, betrieb dasselbe Muster, flog auf eigenen Strecken aus Frankreich bzw. wir in deren Auftrag von Stuttgart nach Lyon etc. Es wurde ein Sozialplan vereinbart und man musste sich in Stuttgart entscheiden. Man sammelt Parameter, wägt für und wider ab, man ist mit einer ½ Französin verheiratet und hört viel Negatives über Stil und Umgang der französischen Gründer- und Eigentümerfamilie. Einige schlaflose Nächte und dann die Entscheidung bei DBA im bekannten Umfeld zu bleiben und für einige Zeit in die Arbeitnehmerüberlassung zu gehen.

Also unterschrieb ich einen Monat nach unserem Umzug an Weihnachten 1996 im Februar den Umschulungsvertrag für Boeing 737 mit Einsatzort München und zitiere mich selbst diesbezüglich aus einem Schreiben an den Sozialfond der DBA aus 1999 :" Die Bemühungen Stuttgart als Stationierungsort zu erhalten wurde seitens Tilmann G. (jener-zeitigem FB, Flugbetriebsleiter) vom Tisch gewischt, trotz großen Kollegen-Interesses.

Anm.: Ich hatte bereits in der Vergangenheit dereinst eine Unterschriftenaktion gegen die Unterkunft beim „Schweinebaron", einem Aussiedler-Gasthof bei Greven organisiert, war wohl bekannt für offene und ehrliche Kommunikation und schließlich in der PV (Personalvertretung) Mitglied und zum Zeitpunkt meiner Umschulung deren Vorsitzender.

153

EVID

4.1.1992

»Sehr geehrter Herr Heideker!

Nightstops sind von der Ausnahme zur Regel geworden.

Der beruflich bedingte Hotelaufenthalt stellt somit für die Crews mittlerweile einen Dauerzustand dar, der mit all seinen Auswirkungen auf die Lebensqualität für stationäre „ Heimschläfer" eventuell nicht nachvollziehbar ist.

Anders ist es nämlich nicht zu erklären, daß wir Crews in Münster nunmehr seit Monaten im Stationseinvernehmen regelmäßig aus dem akzeptablen Hotel Eichenhof in ein sogenanntes Hotel Längermann ausquartiert werden.

Die Klage richtet sich nicht gegen den gasthöflichem Standard, sondern gegen diese Form des "OFFENEN VOLLZUGS", der eine Flucht in die Stadt unmöglich macht, da dies Hotel in der herrschaftlichen Einöde des "Zigeunerbarons" liegt.

Die Crews werden auf diese Weise zu Gefangenen in ihrer Freizeit. In Münster stehen Ausweichhotels (Hotel am Schloßpark,Möwenpick, Dorint etc.) bereit, die den Standard anderer Airlines erfüllen.

Im Vertrauen auf baldige Abhilfe danken Ihnen die Unterzeichner im voraus«

EVID

Im Glauben daran, dass Leistung honoriert und Intrigen eher
in der Politik zu finden sind als im Umgang unter Kollegen
und seitens Vorgesetzter innerhalb eines
Wirtschaftsunternehmens, ein großer Irrtum wie sich
herausstellen sollte, versuchte ich die „Hygiene" im Umgang
aller einzufordern. Was ich schmerzlich erfahren musste war
die Tatsache, dass die Belegschaft unter Vorgaukeln von
aufrichtiger Partnerschaft eigentlich nur als der
Steigbügelhalter für die eigene Karriere betrachtet wird und
jegliche geradlinige Verlässlichkeit dem Opportunitätsstreben
zum Opfer fällt:

Hierzu ein weiteres Eigenzitat (Brief vom 21.Okt.1996 an
Tilman G.):

EVID

21.Oktober 1996

Betreff: „Neubeginn"

Sehr geehrter Herr G,

dieses Schreiben soll der Versuch einer „Zustands-Analyse"
der Befindlichkeit der Gruppe der Turboprop-Arbeitnehmer
sein.Ich verbinde dies mit der Hoffnung, dass es der vom
LBA reklamierten inneren Hygiene des Umgangs in unserem
Unternehmen förderlich

Die Kolleginnen und Kollegen auf den „Rasenmähern" haben sich über viele Jahre in der Vergangenheit als Mitglieder einer Kaste der „Unberührbaren" empfunden. Dies wurde immer wieder in Herrn Heidekers pseudo„Wide-Body"-Philosophy deutlich, die sich ja auch in der unterschiedlichen Bezahlung für ein und dieselbe geleistete Arbeit ausdrückte.

Mit dieser „Schere im Kopf" wurde ungeachtet der Ursprünge auch jedes noch so kleine Fünkchen Hoffnung auf gleichberechtigte Partnerschaft erstickt. Bei jedem Neubeginn gab es somit das Gros der Turboprop-Mannschaft, das den „Karren" anschob und ihm dann nachwinken durfte, wenn er fuhr.

Nun endlich, nach Jahren vergeblicher Hoffnung auf Anerkennung gemeinsam erbrachter Leistungen, sehen die Mitarbeiter auf dieser 3.Flotte die Chance für einen partnerschaftlichen Neubeginn und den gemeinsamen Aufbruch in eine neue Zeit neuer Aufgaben.

Mit einem skeptischen und dennoch vertrauensvollen Glanz in den Augen sind die Blicke der Kollegen jetzt nach München gerichtet, wo die Weichen für einen fairen Neubeginn gestellt werden oder sich angstvolle Befürchtungen über die eigene Zukunft bewahrheiten könnten.

Herr G., die PV arbeitet daran, das Vertrauen in Sie und das neue Management aufzubauen, dass nunmehr der Mitarbeiter Mitarbeiter und nicht betriebswirtschaftliches Arbeitsmittel sind und Ihnen und Ihren Führungskollegen auch das Individuum etwas bedeutet.

Zum ersten Mal seit langer Zeit herrscht wieder zuversichtliche Aufbruchstimmung.

Um dieses aufkeimende „wir" (DBA) nicht zu gefährden und um Vertrauen zu bilden ist nur eines notwendig: rechtzeitige und aufrichtige -INFORMATION - und deren inhaltlich gerechter Umsetzung im Alltag.In Deutschland wird zurecht beklagt, dass das Wort Dienstleistung nicht mit der richtigen Einstellung gefüllt wird. Dienstleistung ist letztlich ja nur so gut wie der Dienstleister bzw. dessen Angestellter. Dieser Angestellte kann aber nur mit dem Vertrauen, dass ihm die gerechte Dienstleistung einer nachvollziehbar verantwortungsvollen Führung zuteil wird, seine Motivation zur Leistung erhalten.

In der Vergangenheit spaltete sich von einem hochmotivierten Team mit viel Kampfgeist allzu oft eine Gruppe „marodierender Einzelkämpfer" ab, die in der Verwaltung mittels unseligem Kompetenz-Gerangels und damit verbundener Kontraproduktivität ihre individuellen Interessen pflegten. und ohne Informationen über Sinn und Zweck solcherlei Treibens zu.

Trotz all dieser Widrigkeiten ist dennoch ein Zusammenhalt und ein Urvertrauen geblieben, dass sich irgendwann einmal alles zu Besseren wenden könnte.

Diesen Zeitpunkt scheinen wir nun erreicht zu haben und schon wieder gibt es die ersten zarten Ansätze entgegengebrachtes Vertrauen zu zerreden und zu enttäuschen.

Der heutige Umgang mit einem Teil der Mannschaft wird auch die Einstellung der „Überlebenden" zu ihren Offizieren auf der „Brücke" der DBA für die Zukunft prägen.

Ich möchte mit dem Refrain eines deutschen Liedermachers schließen, der da singt:

„Ich glaube an ein ehrliches Wort,
durch nichts getrübt, wie klares Wasser..,!.

und verbleibe mit all meinen Kollegen, die ich in deren Zuversicht auf eine gemeinsame Zukunft bei der DBA zu stärken versuche und die ich ermutige, sich zu gedulden, bis die diesbezüglichen Garantien auch vertraglich eingelöst sind

Mit freundlichen Grüßen

EVID

Anm.: Diese „Ermahnung" betraf sinnigerweise einen ex. LH Mann, der als FBL zu DBA wechselte. In der Retrospektive und aus gegenwärtiger Vorgehensweise drängt sich einem das Bild auf, dass es Kultur und Subkultur im Umgang gibt und in manchen Unternehmen eine Häufung in einer Richtung vorzufinden ist.

Das Lied von Hans Hartz habe ich schließlich bei einer Mitarbeiterinformation Management und Belegschaft vorgespielt, es war der Versuch, den eigenen Standpunkt zu definieren und gleichzeitig Verlässlichkeit beim Gegenüber einzufordern. Aus heutiger Sicht ein blauäugiges, sinnloses

Unterfangen. Die andere Seite will, kann, und darf ein Miteinander nicht leben. Es würde nur eine Behinderung darstellen, nähme man Rücksicht auf Menschen, Mitarbeiter und deren Familien. Es steht dem archaischen „Eidechsen" Prinzip des modernen Management im Weg. Weg mit dem Schwanz, wenn`s eng wird, ein neuer wächst ja nach. M.a.W. Hire and Fire, der Mitarbeiter als Arbeitsbiene das Management als Drohne und alles zum Wohle der „Shareholder-Königin" Eine wichtige Eigenschaft von Managern ist allerdings, egal wie mies die eigenen Leistungen sind, das Ego in allen Businessportalen zu Hypen. Ob man im Job performed oder nicht.

Interessanterweise gilt in diesen Kreisen wohl auch ein anderes Prinzip von Stetigkeit. Firmentreue scheint da eher ein Makel denn eine positive Eigenschaft. Am Beispiel eines ehemaligen FBL´s zeigt sich das exemplarisch. So verweist dessen „Reputation", ich nenne es Eigenreklame auf 11 Beschäftigungswechsel oder Aufgabenwechsel in 18 Jahren hin, d.h. kleiner als 1,8 Jahre in einer Firma, Führungsposition. Bei diesen sprichwörtlichen fliegenden Wechseln wird immer Wert auf Nennung der Titel gelegt, die Entwicklung des jeweiligen Unternehmens wird allerdings ausgespart. Man gibt sich als Instanz an beruflicher Kompetenz aus und euphemisiert die eigene Person und Funktion.

So ging bei DBA um, wie ein damaliger FBL, heute Lecturer der University of London und sinnigerweise President Internat´l Pilot Training Association, der schnell zum

CPT/Supervisor „aufgebaut" werden musste (dies ist eine gewisse Form des fachlichen Selbstschutzes in Konsequenz der Erhebung über das „Kollegenfußvolk")und der in Hamburg während seiner Supervision eine falsche Abflugroute flog und in die nicht autorisierte Richtung einbog. Zu diesem Zeitpunkt war neben dem Check- und LTC Kapitän rechts, Adam C. noch ein weiterer Check-Kapitän auf dem Jumpseat, Klaus.K. Alles Kollegen, die sich durch strengste Unnachsichtigkeit bei Sim-Checks der Mannschaft einen „Namen" gemacht hatten. Kollegenintern wurde fortan von einer neuen Tilman G. Departure in Hamburg gesprochen. Noch ein Wort zur Wichtigkeit o.g."Erhebung" zum Supervisor, Checker. Durch diese Stellung werden Checks in der „Abgeschiedenheit" des Klüngels gegenseitig abgenommen, was eine sehr entspannte Zuversicht auf Rücksichtnahme und Bestehen gewährleistet. Zu dieser Zeit gab es noch keine normierte Prüfungsvorbereitung und es ist wahrlich ein Unterschied, ob man weis, was Gegenstand des Checks ist oder man in der Unwägbarkeit aller Möglichkeiten sich dieser Stress-Situation ausgesetzt sieht. Oftmals sind es genau die Checker, die am unerbittlichsten Einfordern, die eben die Inhalte für die eigene Überprüfung kennen bzw. die im Alltag auch nur mit Wasser kochen.

Tilman G. hatte dann wohl noch, so wurde gemunkelt, bei einem Überführungsflug einer BOEING aus USA Probleme mit Golfbags bekommen. Kurze Zeit danach war er jedenfalls „auf und davon", vermutlich um sich an der University of London einzuschreiben.

Ich persönlich empfinde Titel und Namen als Schall und Rauch. Understatement ist, sich einen guten Ruf zu erarbeiten durch Fleiß, Können, Authentizität, Ehrlichkeit. Diesen schließlich zu besitzen ist das Eine, eine Titelatur um ihrer selbst willen als Merkmal des eigenen Wertes vor sich herzutragen, ist eigentlich ein Paradox, heischt der Träger doch nur nach institutionell verliehener Anerkennung und wird nicht müde, darauf indirekt oder wie auch immer hinzuweisen. Es ist eine moderne Maskerade und die Eintrittskarte beim Ball der Eitelkeiten. Dies verhält sich mit Firmennamen und Funktionstiteln gleich. Was sagt eine Kladde von 11 Jobs in 18 Jahren aus. Unstetige Persönlichkeit, scheut in amtsführender Anwesenheit die Überprüfung und Wertung der Ergebnisse seines Wirkens, verlässt eine Firma just nach Einarbeitungsphase, besitzt keine Firmenbindung und sieht nur die eigene Karriere usw.usf.

Wie glaubwürdig sind: „w i r   müssen..." Parolen von solcherlei Managern, geäußert der Belegschaft gegenüber.

Ich hatte in der Folge mehrfach das Vergnügen mit derlei Karrieristen zu tun zu haben.

Aber das ist eine andere Geschichte

Die Umschulung auf BOEING 737 im Jahre 1997 wurde schließlich zum Fiasko und ich lernte, was es bedeutete mit den Intrigen eines anonymen Flugbetriebs umzugehen. Voraus schicken möchte ich an dieser Stelle eine späte Erkenntnis. Zwei Lager eines Heeres kämpfen einmal eine Schlacht gegen den gemeinsamen Gegner, bekriegen sich aber sonst stets untereinander.

Solidarität seitens freiwillig, bereits seit 1992 auf Jet DBA gewechselter Kollegen mit dem Anspruch auf Beibehaltung der Funktion der „neuen" mehr oder weniger freiwillig umgeschulter SAAB Kollegen erwartete man vergebens. So gab es das Problem, dass frühe, mittlerweile erfahrene Boeing Copiloten Kapitänsstellen beanspruchten, die für Kapitän-Kapitän-Umschüler SAAB 2000 gemäß Sozialplan eröffnet werden mussten. Dafür wurde schließlich seitens der Checker und Ausbildungsabteilung eine wenig ruhmreiche „Lösung" gefunden.

Hierzu nun ein zitierter Brief aus dem Jahre 1999 (12.Mai) an die PV, der Vorgänge der Jahre 1997 und der Umschulung zum Gegenstand hatte, die ich nochmals später aus der gefühlten Situation beschreibe.

EVID

»Betrifft: Vertretung D. Mindt gegenüber Deutsche BA

Hallo Brigitte!

Beiliegend einigen Schriftverkehr/Protokolle
(Gedächtnisprotokolle DBA).

Kurz die Fakten:

Die Flotte SAAB / FOKKER wurde im Jahre 96/97 aufgelöst
und den Mitarbeitern angeboten zu

AIR REGIONAL (SAAB) überzugehen, mit Abfindung, oder
bei DBA auf Boeing 737 umzuschulen. Ein
IA/SOZIALPLAN wurde ausgehandelt und umgesetzt.

Ich war zu diesem Zeitpunkt PV-Mitglied bei Verhandlungen
und zum Zeitpunkt meiner Umschulung (Mai 1997) PV-
Vorsitzender.

Die Umschulung war im Anschluss an die Theorie.

Wie bei der Simulatorausbildung.:Mehrere Lehrer der Fa.
Hughes /England mit teils von DBA unterschiedlichen
Proceedures, die schwer in der Richtigkeit zu beurteilen
waren, da diese generell in vielen Punkten von SAAB-
Proceedures unterschiedlich waren. (Liegt an der
Cockpitphilosophy + Altersunterschied der Fluggeräte.) Die
Prüfung dann nach DBA. Im Vorfeld wurde noch vor der
Prüfung Schlechtwetter-Unterricht „eingeschoben“

für CAT III – Landungen. (Prüfungsvorabend). Check mit Osama M. (Checker) + Von E. (F/O=First Officer=Copilot). Mein Check wurde als nicht bestanden gewertet, F/O bestanden. Gründe: Command ability. Checkschwerpunkte Startabbruch und Rapid Depressurization (Kabinen-Druck-Verlust). Osama M. gilt als Spezialist für Mehrfach-Fehler, die in Kombination NICHT gegeben werden sollen, da unrealistisch.

Des weiteren wurde mir vorgeworfen die Start-Abbrüche unnötigerweise vorgenommen zu haben. (Erst in der Nachschulung mit Checker Markus G. fiel die Erklärung, auf der Boeing sei man GO-MINDED, auf SAAB waren wir generell STOP-MINDED). Übrigens kann man den Fehler für die Entscheidungsgeschwindigkeit im Simulator beliebig eingeben, d.h. Entscheidungsgeschwindigkeit (V1) minus 10 Knoten (2 Sekunden Zeit) oder V1 minus 5 Knoten (1 Sek. Zeit.....).

Bei der Rapid-Depressurization ist man schließlich auf ein Statement des F/O angewiesen, das sich auf die Kontrollierbarkeit des Kabinendrucks bezieht (under control/out of control), da sich das Instrument außerhalb direkter Sicht des Captain befindet.

Wir sind nach Drill in den Notsinkflug übergangen, die Meldung von F/O Thomas E. „Out of Control" sei unrichtig gewesen, was ich hätte prüfen sollen«.....

»Es gab dann eine Simulator-Nachschulung (9 Tage schließlich zwischen Nachschulung und nächstem Check).

Checker war Jim P., der vom Ausbildungsleiter Adam C. gecheckt wurde und als F/O für mich war Horst S. dabei, der direkt aus dem Urlaub seinen 1.ten Halbjahres-Check mit mir absolvierte.

Diesmal war ebenfalls der Emergency-Descent Anlass des Failens.«

»Endergebnis: Mindt gefailed, S. wird vom Dienst suspendiert, bis er wieder in den Codex passt.

Im Board-Meeting danach log Adam C. bei der Frage nach der Rapid Depressurization: Horst S. meldete „ Cabin Out of Control", was ich mit einem schnellen Blick als bestätigt betrachtete, C. hingegen behauptete er habe „Under Control" gemeldet. (Gut, dass wir verglichen haben..... Ich bin doch nicht blöd!)

Diese Erfahrung brachte mich dazu, den 3. Check nicht mehr anzustreben, sondern ich verließ mich darauf, ein halbes Jahr rechts zu fliegen, um dann routiniert in die Note 3 zu gehen, um dann als Kapitän up-gegradet zu werden.

Zu diesem Zeitpunkt wurden „Massen" von Saab-Umschülern (manche selbst Checker), gefailed und bis zum 3.Check ausgereizt, andere während der Supervision (Weiterbildung im Linienbetrieb) so fertig gemacht, dass sie freiwillig wieder als Copiloten zurück geschult wurden, obwohl sie Boeing schon links flogen.

Den PV-Vorsitz habe ich dann „Ruhen" lassen, die Fa. wurde informiert, dass meine Stellvertreterin den Vorsitz geschäftsführend übernimmt.

Während der Line-Supervision bekam ich dann nur gute Bewertungen.

Nach einem halben Jahr dann der erste Halbjahres-Check mit Andreas S. (Checker) und Pierre F. (Captain).

Hierzu lege ich dir meine Stellungsnahme bei (Anlage 5 Seiten Gedächtnisprotokoll). Die Note 4 beendete sodann meinen Anspruch aus dem IA/Sozialplan. Im Mai 98 ließ ich mich nicht erneut für die PV aufstellen und schied aus. Im Herbst 98 dann der Check mit Jürgen M. S. (Checker) und Dieter V. (CPT) mit Ergebnis Note 2 und Bewerbung um Captainstelle gemäß Ausschreibung 85/97. Zu dieser Zeit wurden die Checks veröffentlicht, was die Vorbereitung erlaubte (Eine Forderung der neuen Gesetzesvorschrift JAR-OPS, JOINT-AVIATION-REGULATION-OPERATIONS). Um die „Kontrolle" zu behalten wurden nun bei der PV neue Requirements für UP-Grader eingeführt. Assessment mit Ausbildungsleiter (Adam C.), Psychologe bei Assessment u.a.).

Man möchte, da der Simulator an steuernder Bedeutung verliert, die Selektion auf neue Kriterien aufbauen.

Während dieser Phase (Verhandlung PV) wurden nun Kapitänstellen nach alter Ausschreibung nicht besetzt.

Am 16.4.99 erfuhr ich dann, dass die PV vorgelegten Bewerbern Kapitän entsprochen hatte. Unter den ALT-Bewerbern wurde Martin B. (PV-Mitglied in eigener Sache erfolgreich??) entsprochen, einem gleichrangigen Bewerber mit geringerer Seniorität. Mein Anruf bei Brigitte-Susanne-

H-A. (PV-Vorsitz) brachte dann ein „Oooh Shit, dass stimmt ja, wir haben das übersehen..." zur Antwort.

Die Fa. Reagierte (G., Flugbetriebsleiter) schnell und zog die von der PV genehmigte Kandidatenliste zurück, hob die alte Ausschreibung auf und gab kund, nur noch nach den neuen Kriterien vorzugehen.

Am gleichen Wochenende 17/18 4.99 hatte ich ein Telefonat mit G., in dem ich fragte, was das für ein „Spiel" sei, was er da treibe etc... (war etwas erregtes Telefonat).

Er sagte für die darauffolgende Woche einen Termin zu, den Stephanie bei ihm ersuchte, um ihn mit sprechen zu wollen.

Suffisanterweise war er sofort bereit, mit Termin am darauffolgenden Donnerstag. Am Mittwoch hätte ich zuvor bei Adam C. meinen nächsten Simulatorcheck haben sollen, bei dem als Captain Mike S. (ein anderer Checker!) fungiert hätte. Mit Note 4 wäre wieder alles in G.`s Sinne „geregelt" gewesen.

Leider wurde ich unpässlich, worauf G. am Donnerstag den Termin mit Steffi mit der Begründung meiner Krankheit (!!!) absagen ließ.

In der nächsten Woche konnte ich mit Checker Wolfgang S. und Kapitän Kai S. erneut eine Note 2 erreichen.

So weit so schlecht.

Rückblickend hätte ich den 3. Check in der Vergangenheit (vgl. Rudi S.) wählen sollen.

Die Riege G., P. und C. haben meiner Meinung nach gezielt die Saab-Fusionisten benachteiligt, um für die Boeing-F/Os und Fokker Umschüler-Upgrader die Stellen freizuschaufeln!

Diese These scheint ja auch durch die jüngsten Maßnahmen, Entlassung G., Entbindung Ämter C. bestätigt zu sein.

Dieter

P.S. Trotz meines Angebots (beiligendes Protokoll von Gespräch G./K.-Mindt) meine Arbeitskraft gerne als Stationskapitän (Position evtl. anders benennen) für diese Aufgabe weiterhin zu Verfügung zu stellen, wurde dies mit der Kapitänsbegründung abgelehnt, was erneut einen Gehaltsverzicht, diesmal DM 500,- bedeutete.

z.Zt verdiene ich somit weniger als vor 2 Jahren bei drastisch gestiegenen Kosten.

EVID

Zu den eigen zitierten Briefen möchte ich aus heutiger Sicht der Erinnerungen noch ein paar „erhellende" Fakten einfließen lassen, die meinen damaligen Erlebnissen noch etwas memorierte Patina verleihen.

Die Umschulung fand in England in Crawley, nahe Brighton at the Sea bei der Fa. Hughes statt. Ich erinnere mich noch an das Hotel, jedoch nicht mehr an dessen Namen. Allerdings an die besondere Lage an einem Verkehrskreisel mit hoher Verkehrsdichte, was seitens der Hotelausstattung dazu führte, dass man Zimmerfenster hatte, die keine Möglichkeit zum Öffnen boten. Es war nicht einmal ein Bediengriff vorhanden und man musste damit zurecht kommen, mehrere Wochen in dem „Aquarium", wie wir die dauerklimatisierte Bleibe umtauften, zuzubringen. Mein Partner Thomas von E. war der einzige Lichtblick in dieser Situation, kannte er England bereits aus seiner Jugend im Internat und wusste somit einiges über Sitten und Gebräuche unseres Gastlandes. Der Tagesablauf gliederte sich in Aufwachen, Richten für den Tag oder die Nacht, Essen Fassen, zu Hughes fahren, ein Mietwagen war von DBA pro Schülerpaar arrangiert oder man fuhr mit einem Trainer gemeinsam zum Simulatorzentrum, welches sich in 5minütiger Fahrentfernung befand. Dort Theorieunterricht mit einer Dauer von ca. 10-14 Tagen im Klassenverband und Einzelstudium, bis man auf den Simulator „losgelassen" wird. Kurze Pausen, kurze Energiespritzen mittels Pausen-Essen („Snacking") , zurück ins Hotel, dort Essen „privates" Studium, 10 Minuten Glotze bewusst, dann schlafen und da capo. Täglich grüßt das Murmeltier. Eigentlich handelt es sich um „Menschenversuche" zur Leistungsfähigkeit bzw. um einen Stresstest. Warum? Es werden pro Zeit maximale Kompetenzen bezogen auf soziale Belastbarkeit (Trennung von Family and Friends) abgefragt oder eingefordert, wie immer man das Ganze beschreiben will. Im Einzelnen: Nach mehreren Tagen im „Aquarium" stellt sich ein leichter Hüttenkoller ein, sollten Sie zum Typus „Frischluft" gehören oder es nervt sie das Dauergeräusch der unverzichtbaren Klimaanlage auf ihrem Zimmer. Sie haben nach 6-8 Stunden Theorie-Unterricht den Overflow erreicht, denn Pausen gibt es neben einer größeren Unterbrechung nicht (auch nur während Tageslichtzeiten, d.h. relativ verlässlich während der Theorie) zu den meist billigeren nächtlichen Simulatorstunden (00-04 oder 06 Uhr) sind sie Eigenversorger auf Tankstellenniveau da das Abendessen im Hotel lange vorbei oder zu teuer ist und Frühstück erst ab 0600 Uhr in Businesshotels frühestens erhältlich ist. Für Crews gibt es da oftmals, oftmals heißt nicht immer, ein Early Bird! Early Bird ist ein mehr oder minder warmer oder kühler Thermoskannenkaffee, Aufschnitt nach Verfügbarkeit, dröge Backwaren und Butter und Marmelade oder andere Minidosenaufstriche von einer Theke zu nehmen. Manchmal Säfte oder Früchte. Meistens allerdings nur ein Teil des Aufgezählten, da die Hotels, wie ich annehme, dies als Teil einer Jahresgesamtkalkulation quasi auf „eigene Rechnung" anbieten. Eigentlich steht vieles, was HR, das Unwort des „menschlichen Rohstoffes", umschreibt und dessen Pflege und damit einhergehend den Umgang mit der eigenen Gesunderhaltung, menschlich-soziales Wohlbefinden als auch das Respektieren der Fakten den eigenen Biorhythmus betreffend und von Mitarbeiter und Arbeitgeber sowie Fürsorge pflichtigen Vorgesetzten in Pelesyskursen im Selbststudium mit Test zu belegen, in krassem Gegensatz zur gelebten Wirklichkeit.

Man steht zu unchristlichen Zeiten auf, präpariert sich für den Tag, fernab des eigenen Zuhauses, und beginnt oftmals mit nichts im Magen oder mit dürftiger „Magenfüllung". Dies alles steht im Widerspruch zu den von Luftfahrtämtern und Institutionen auf wissenschaftlicher Grundlage erhobenem Wissen um die Bedürfnisse eines hoch konzentriert arbeitenden Menschen. Schließlich erdreisten sich die Manager, die Propagandisten des „wir", das Crewfrühstück oder die CrewBox aus Kostengründen zu streichen oder auszudünnen, denn dem Fußvolk geht es ja gut genug. Diese „kostenlose" Mahlzeit beinhaltete zum Beginn meiner Karriere ein normales Frühstückstablett, wie es Passagiere erhielten, als man sie noch als Gäste auf einer Flugreise respektierte und veränderte sich mit der ertragsmaximierenden Sichtweise auf den Passagier als „Self Loading Cargo" ohne Anspruch auf Wertschätzung, wie es zynischer kaum sein könnte. Der Gast, ehemals mit Anstand betrachtet, wurde zum Durchschnittsgewicht mit Minimalanspruch herabgewürdigt. Das führte für die Crews über die CrewBox mit frischer Wurst, frischem Käse, Butter, Marmeladen und einem Joghurt als „Notration" zu einer Box, die nur noch zwei Dosenaufstriche und ne „Stulle" (belegte Brotschnitte) beinhaltete und schließlich bei Eurowings zu einem Kartönchen mit einem Wasser mit einer mit Käsepaste oder Salami belegten Doppelbrotscheibe schlussendlich zum Solosandwich eines bestrichenen Weichbrotes. Und das täglich, 365 Tage im Jahr. Es war der Crew allerdings unbenommen Passagierproviant gleicher Qualität käuflich zu erwerben. Dies alles vor dem Hintergrund von, auch für Crews verschärften Sicherheitskontrollen, die die Mitnahme von eigenen von zu Hause Mitgebrachtem erschwerten und die dazu führten, dass aus der Not geboren auf dem Weg zum Flugzeug „Frühstück" nach Gelegenheit bei den fliegenden Händlern der Flughäfen erworben wurde. Dies bedeutete im Umkehrschluss 20x4 €/Monat 80€ weniger vom Gehalt und das sind bei einem Flugbegleiter schon mal 5% des Verdienstes. Was hat der denn, die verdienen doch genug! Das stimmt bedingt und dennoch müssen 2 Dinge dabei berücksichtigt werden. Sie haben in der Regel während des Flugdienstes keine echte Pause, d.h. die Qualität der Nahrungsaufnahme ist ohnehin eingeschränkt. Und eine Zusatzleistung zu kündigen stellt einen nicht geregelten Gehaltsverzicht dar. In der Zwangsläufigkeit der Lebensbedingungen inert des „Mikrokosmos" Luftfahrt eine Zumutung, da sie nicht auf die freie Vielfalt der Selbstversorgung zurückgreifen können. Es gibt eben keine Kantine an Bord, noch einen Bäcker um 4Uhr morgens noch abwechslungsreiche Produkte im Bordshop bei dessen alltäglich (Alle Tage) gleichbleibender Ausstattung.

Aber das ist eine andere Geschichte

….

Der Lehrgang Transition SAAB 2000, Boeing 737 classic wurde also absolviert. Wir hatten Tagesunterricht für den Theoretischen Teil und wir hatten vermehrt die Nachtsessions für die Simulatorschulung.

Anekdote

Was das Essen betrifft und den Vorzug einer Mittagspause zur Verköstigung, so konnten wir mehrere Tage die lukullischen Spezialitäten der britischen Küche genießen. Das gestaltete sich so: Man verließ das Trainingszentrum und begab sich zu einem Speisetrailer geparkt vor dem Gebäude. Dort wartete schon ein Pärchen mittleren Alters hinter dem Tresen, er hager mit frittenfettigen Haaren und Kleckeroutfit, sie mit üppiger Körperfülle und vergleichbarem Körperpflegestatus in fettig verspritztem T-Shirt, um den neuen Kunden mit „Hoi Honey, what can i do for you?" (Hallo Süßer, was kann ich für Dich tun?) zu begrüßen.

Was gibt es dazu zu sagen? Wir wurden satt!

Die Simulatoren waren im Erdgeschoss und im ersten Stock, wobei deren Flugverhalten total voneinander abwich. Der im Erdgeschoss war ganz gut für Neulinge geeignet, das

„Monster" im ersten Stock hatte Steuerungsqualitäten, wie man sie braucht, um auf einer polierten Kugel, die mit Schmierseife eingestrichen war, zu balancieren. Das heißt konkret, dass beim manuellen Fliegen ständige Feinstkorrekturen gegeben werden mussten und die Steuerung instabil indifferent war. Eigentlich wie bei einem modernen Videospiel, mehr Herausforderung denn Unterstützung.

Ich weis noch, wie uns ein Instructor einer BA Tochter Mut machte, indem er vom Boeing Alltag in der Form sprach : „ After you Took Off, when you already switched on the AP and hold the daily Newspaper in front of you......(Also wenn Sie nach dem TakeOff bereits den Autopilot eingeschaltet haben und sich der Tageszeitung widmen…) womit er die stressfreie Alltagsoperation der 737 zu umschreiben versuchte. British Humour! Dieser Instruktor hatte den richtigen Ton getroffen. Andere waren wiederum very British.

Anekdote

Ein Kollege F/O machte einmal eine Meldung, die etwas vom Wortlaut abwich, worauf der britische Captain DBA vorwurfsvoll anmerkte : „Oh, did we change the proceedure?" (Oh, haben wir das Verfahren geändert?)

Während des Trainings hatten wir allerdings ein Problem. So schulten uns nahezu beliebig viele Trainer unterschiedlicher Airlines, deren Verfahrensschwerpunkte (operational proceedures) mehrfach deutlich voneinander abwichen. Wenn sie auf ein neues Muster umschulen ist es unvorteilhaft in der Phase des Neuerwerbs mit verschiedenen Philosophien konfrontiert zu werden. Das heißt nicht, dass ein Verfahren völlig anders abgearbeitet wird, dass aber Callouts oder Reihenfolgen unterschiedlich sind. Wenn sie eine Flugfirma verlassen, um bei einer anderen zu beginnen gibt es, um dieses Problem zu eliminieren Change of Operator Kurse, die zwischen 10-14 Tage dauern und die Simulatorsessions zur Harmonisierung beinhalten.

Die wenige Freizeit haben wir damit verbracht zu lernen und das freie Wochenende musste für einen Besuch mittels einer kurzen Eisenbahnfahrt nach Brighton at the Sea herhalten, um einmal den Kopf frei zu bekommen. Alles in allem waren wir 2Mal dort gewesen und wir hatten mit dem Gedanken gespielt uns in Piernähe am „freien" Wochenende in einem altehrwürdigen Hotel zwei Zimmer zu buchen, um der Einöde des „Aquariums" zu entfliehen. Der Preis ernüchterte uns und wir verwarfen diesen Fluchtgedanken. Wenigstens konnten wir auf dem Pier Fun- (Unterhaltung) park mit Karussells und Spielhöllen Fish `n Chips „genießen" und Arcades bei uns damalig indiziertes „DOOM" Computergame kostenintensiv spielen.

Von allem Erlebten blieb mir bis heute noch folgendes gegenwärtig. Es war dies ein Besuch abends an einem Freitag in einem Pub in Crawley City, wo wir mit anderen Umschülern uns für eine Pint of Guiness verabredeten und das dortige weibliche Publikum doch sehr offensiv wirkte, was umgekehrt proportional zur verwendeten Menge an Bekleidung stand. Der Pub war unerträglich laut und scheinbar der Markt der Chancen und Avancen und nicht die ruhige Männerdomäne zum Abhängen, wie wir es erwartet hatten. Nur für Thomas war das nichts neues gewesen und er wusste auch über einiges Bescheid, was sich Männer so erzählen. Ein anderer Pub war unser „Gourmet-Tempel", in dem wir zu anständigen Preisen die Gelegenheit nutzten, wann immer es sich einrichten ließ, außerhalb des Hotels zu essen. Da zu jener Zeit BSE hoch aktuell war und Steak relativ teuer und in unseren Augen doch ein hohes Gefahrenpotential im Lande dieses Krankheits-Ursprungs hatte, haben wir die Speisekarte ausschließlich nach Hühnchenprodukten durchforstet und, es waren wohl an die 4 Wochen insgesamt, Chicken bis zum Überdruss gegessen. Haggis, die schottische Speise, „Wurst aus Schlachtabfällen" und anderes ist ja nicht jedermanns Sache und viele Inder um die Ecke gab es nicht. Die Einsamkeit und die Trennung von der Familie wurden teuer mit häufigen Fern-Telefonaten bekämpft. Diesbezüglich werde ich niemals ein Telefonat mit meiner damals 3jährigen Tochter vergessen. Nach dem Üblichen: „Wie geht`s Dir? Was spielst Du gerade am Liebsten? Papa hat dich lieb und vermisst Dich sehr!" ein kleines Kind, ihre Tochter, am Telefon plötzlich in einen Weinkrampf verfällt mit den Worten: „Gell Papa, Du kommst nicht mehr nach Hause!" Da sitze ich auf der Bettkante, den

Hörer in der Hand und die Tränen laufen mir über das Gesicht und ich versuche alle Worte zu finden, die meinem Kind die Zuversicht vermitteln, dass der Papa bald wieder heimkommt. Im Kindergarten hatten nämlich andere Kinder erzählt, ihr Papa kommt nur noch manchmal vorbei, weil Mama und Papa nicht mehr zusammen sind. Sicherlich geht jeder anders mit so einer Ansage um, als Familienmensch sind sie erst einmal voller Schuldgefühle ob der geraubten Geborgenheit ihres Kindes. Gott sei Dank standen 5 freie Tage bevor, um nach Hause zu fliegen, Wäsche zu waschen und für den zweiten Teil, der Simulatorausbildung, etwas gestärkt zurückzukehren. Letztlich passiert noch ein Ereignis Revue. Die Übung der Notwasserung in einem Hallenbad zusammen mit British Airways Crews. Ich sehe noch die Drills vor meinem geistigen Auge, die Schwimmwesten und das Raft bzw. Rettungsfloß mit allen Übungen, um damit im Notfall zurecht zu kommen. Viel nachdrücklicher und auf beklemmende Weise eingeprägt hat sich mir aber der Zustand dieses öffentlichen Bades. Die Duschen waren derart schimmelbesetzt an Ecken und Rändern, dass man am liebsten die Füße in Sandahlen gewusst hätte und man sich jede Form von Desinfektionsspray herbeisehnte, von Fußpilzduschen ganz zu schweigen. Noch schlimmer aber empfand ich, dass kein einziger Träger der Dachkonstruktion frei von Spritzasbest war, welches in Flocken daran hing. Dies alles zu einer Zeit, als die Diskussion um diesen Verursacher von Lungenkrebs längst auch das Vereinte Königreich erreicht haben sollte, war doch die Gefährlichkeit erstmalig bei Arbeitern im Asbestabbau in Canada festgestellt worden.

Wie viel lieber hätte ich an jenem Tag unser ehemaliges Delta Air medienträchtiges Spektakel einer Notwasserung im Bodensee wiederholt, bei dem wir Crews von einem Boot gewassert worden waren und Rettungsschwimmer mittels

Helikoptereinsatz uns retteten. Saubere Luft, kein Asbest, kein Schimmel, Lockere Stimmung.

Aber das ist eine andere Geschichte

Im „Aquarium" dann wieder Business as usual bis auf eine

Anekdote

Thomas war Raucher und Rauchen war nicht erlaubt!

Mitten in der Nacht dringt in tiefster Tiefschlafphase ein
sonderbar an und abschwellender Ton bis zum Bewusstsein
durch und man kommt sich seltsam vereinzelt mit dieser
Wahrnehmung vor. In dem Moment des Begreifens klingelt
auch schon das Telefon mit dem Hinweis eines Feueralarms
und man solle sofort das Zimmer verlassen, nichts
mitnehmen, den Fluchtplänen folgend sich am angegebenen
Sammelort einfinden. Vorsichtig öffnet man die Türe,
Brandgeruch oder Feuer ist nicht wahrnehmbar und man reiht
sich nur in Hose gekleidet mit Schlaf-Tshirt und offenen
Schuhen in die müde Karawane aus ähnlich ausstaffierten
oder im Bademantel, schlurfend das Hotel verlassender Gäste
ein. Außerhalb schon Blaulicht und fragende Hektik der
Einsatzkräfte, Rauch oder offenes Feuer allerdings
Fehlanzeige.

Man steht also vor der Tür und wartet bis die FireBrigade
jedes Zimmer kontrolliert hat und hat Zeit, sich zu
unterhalten und nach Kollegen auszuschauen. Schließlich
kommt Thomas auf mich zu und erzählt, wie er das Ganze
erlebt hatte. Es wurde zu einzigen Lachnummer. Als ihm
gewahr wurde nach dem Erwachen bzw. nach dem aus dem
Schlaf gerissen werden, dass Feueralarm war und in

Ermangelung der Kenntnis, dass auf jedem Zimmer der Alarm tobte, dachte er naheliegend: Raucher, Feuermelder, das ist meine Bude und ich wecke gerade meine gesamte Etage, woraufhin er ins Bad sauste, ein Handtuch nass machte, zum Feuermelder, über dem Bett angebracht, kaum zu erreichen, sprintete, um mittels Handtuch den Alarmton so lange zu dämmen, bis dieser wohl wieder von alleine verstummen würde. Allein die Tatsache, sich vorzustellen, wie dieser Spargeltarzan durchs Zimmer raste, aufs Bett hüpfte um den Sensor zu erreichen, aus schlechtem Gewissen seiner heimlich gefrönten Sucht gegenüber, war schon ausreichend für ein herzliches, schadenfrohes Gelächter. Die Vorstellung wie viele andere Raucher wohl ebenfalls gleich gehandelt haben mögen sorgte für weiteres Gelächter über unsere Hypothese.

Es war ein Fehlalarm und wir konnten nach 1Std wieder auf unsere Zimmer und ein müder Tag konnte kommen.

Doch das war eine andere Geschichte

Die Theorie war geschrieben, die Sim-Sessions absolviert und schließlich kam der Sim-Check. Wir hatten eine Nachtsession „gewonnen", ich meine Briefing war 0030. Ich war eigentlich ganz guter Dinge, wir hatten tags davor noch Schlechtwetterunterricht gehabt und entsprechendes Training geflogen. Was aber in diesem Checkflug passierte suchte seinesgleichen. Osama M. entpuppte sich als Devil in Disguise. Ich weiß noch, dass man zeitweilig die Finger in drei offenen Checklisten hatte und am Overheadpanel mehr Lumen von Warnlampen als von den mächtigen Landescheinwerfern ausging. Emergency descent, Engine Fire und Loss of Generators waren so durchgetaktet und gemischt, dass man jeden Oldie auf dem Flugzeug-Muster an die Wand hätte fahren können. Aus heutiger Sicht hätte ich damals den Check abbrechen sollen, aber man war Jung und auf solcherlei Niedertracht nicht vorbereitet. Beim Debriefing dann failed CPT due lack of command ability (fehlende Kommandanten-Fähigkeit beim Emergency Descent) Thomas passed.

Danach sind sie erst einmal, wie man heute sagt geflashed und müssen in der geistigen Endlosschleife verstehen, was geschah.

Gut, man de-briefed, fährt ins Hotel, wo alles schon für die Heimreise gepackt ist, checked aus, begibt sich zum Flughafen und fliegt nach Hause. Man versucht das Durchlebte zu begreifen.

Krise Selbstvertrauen, Krise Selbstwertgefühl, Krise Selbstverständnis, Scham! Fragen?

Damit muss man umzugehen lernen, nach solch einem Event. Wunden lecken und Trost von der Familie abholen, auch wenn oder gerade weil man als „Verlierer" heimkehrt.

Bevor man es sich versieht erhält man schon die Nachschulungstermine durchgeplant mit anschließendem Check in neun Tagen. Team: Nachwuchschecker mit Ausbildungsleiter im Rücken und CoPilot erster ½ Jahrescheck direkt aus dem Urlaub kommend. Wieder wurde ein Fiasko inszeniert und ich wurde gefailed mein F/O gegrounded. Da ich mich inkorrekt behandelt fühlte bestand ich auf ein Treffen mit dem Flugbetriebsleiter Tilman G. Sie wissen ja, dem späteren Tausendsassa der City Universität of London und dem Ausbildungsleiter und Checker Adam.C. Ich hätte das auch bleiben lassen gekonnt, wurde doch seitens Adam.c. bezüglich des Notsinkfluges gelogen, was ich nicht beweisen konnte. Zum damaligen Zeitpunkt war ich (PersonalVertretungs) PV-Vorsitzender und ich ahnte woher der Wind wehte. Ich hatte zu ehrlich, offen argumentiert und wir hatten in viele offenen Wunden unsere Finger gesteckt. Auch hatte ich, um diese „Unsitte" mittels vielzähliger Eingaben seitens der GL unsere Sitzungszeit in Beschlag zu nehmen für relativ unbedeutende, inszenierte Problemfelder eingeführt, die Eingaben vorzustellen kurz zu diskutieren um dann Abzustimmen und zu Bescheiden. Dies schuf uns Raum, Personal relevante wirklich bedeutsame Probleme intensiver abzuarbeiten und Lösungen vorzuschlagen und anzumahnen.

Was man lernt in solcherlei Engagement ist die Tatsache, dass es niemals Solidarität zwischen Belegschaft und Geschäftsleitung gibt, was die Interessen beider Blöcke angeht. Da steht ein Produktionsbedürfnis unter Vollast gegen ein Schutzbedürfnis des Produktionsmittels Mensch im Wettstreit und die Gewerkschaften spielen in der Dorfjugend während die Arbeitgeberseite auf globalem Bundesliganiveau aufgestellt ist. Auf der einen Seite die fest verpflichteten Berufs-Spieler mit Spitzenausstattung (Stollen oder Multinockenschuhe) der Arbeitgeber, hervorragend für jede Funktion ausgewählt, spezialisiert und bestens gecoached (Kanzleien oder Firmen-Abteilungen voller Rechts-und Wirtschaftsexperten) und auf Mitarbeiterseite fleißige, aufrichtige Kollegen, jedoch Laien, in Crocs die auf frisch gewässertem Rasen ihr Schnellkurs Do it Yourself Können entgegenhalten. Die VC, Vereinigung Cockpit, die Piloten aus beinahe allen Deutschen Fluglinien vertritt, manche in größerer Anzahl, manche zahlenmäßig weniger hatte meines Erachtens bei Streiks außerhalb der LH-Gruppe eine eher zögerliche Einstellung. Dies führte schließlich auch beim „Coup" der LH und deren in Abrede gestelltem Betriebsübergang der Air Berlin zu einem wenig spektakulären Ergebnis für große Teile der AB Belegschaft, der nicht Rosinen-gepickten und deren Arbeitslosigkeit

Aber das ist eine andere Geschichte

Ich legte diesen Vorsitz nieder, um meine Karriere wieder in Gang zu bringen. Zwischenzeitlich hatte ich versucht mit Rechtshilfe seitens der Gewerkschaft, die nicht gewährt wurde, gegen die failed checks vorzugehen. Ich trat daraufhin aus der Vereinigung Cockpit aus und legte auch die PV Mitgliedschaft nieder.

Mein Plan war kurze Zeit rechts zu fliegen, um das Muster genau zu kennen und mich dann erneut nach zufriedenstellender Benotung nach einem halben Jahr fürs Upgrade zu bewerben. Aus heutiger Sicht ein Fehler.

Nach der Umschulung auf Copilot erhielt ich während der Supervision und anschließend nur mehr gute bis sehr gute Bewertungen, ein Schelm, wer Böses dabei denkt oder eher ein Realist!

Nach einem halben Jahr wurde ich erneut aus dem Sozialplan Interessenausgleich SP/IA SAAB Umschulung „ausgehebelt" indem mir beim entscheidenden Check von Andi.S ein Grade 4 „verpasst" wurde.

Dazu muss man wissen, dass es gefühlt drei Arten von Checkern gibt. Unabhängig trainingsorientiert mit dem ehrlichen Wunsch den Trainees etwas beizubringen und diese zu fördern und fit zu machen für den Alltag. Das ist die Mehrzahl. Diese lassen auch persönliche Erfahrungen des Trainees zu.

Dann gibt es die fanatischen Regelumsetzer ohne Toleranz, bei denen die Verfahren minutiös getimed nach Punkt, Komma und Strich umgesetzt werden müssen. Sie haben einen zweifelhaften Ruf, was ihren Bewertungszynismus angeht und man hat das Gefühl, sie erheben sich aus niederen Motiven über die Trainees um Macht auf ihrer Seite und Inkompetenz auf der Seite der zu Checkenden zu demonstrieren. Das sind wenige, gefürchtete Checker, bei denen sich „Delinquenten" gemäß Prüfervorschau auch schon einmal krank melden. Eher vom Alltag entfernt im Elfenbeinturm der Prüfberechtigung geborgen und von der eigenen alltäglichen Leistungsfähigkeit eher verborgen. Neudeutsch:"Krümelkacker", die jeden Parameter des Systems auswendig kennen und die den Bezug zum Alltag der „Schweinerei" verloren haben. Aus der Distanz hinter dem Prüfling zu sitzen und Systemfehler einzugeben scheint die eigene Wahrnehmung bei dieser Gruppe zu verfälschen. Hier sprechen wir allerdings von 0,5-1,5% der Checker eines Betriebs.

Letztlich Gruppe 3. Die Management zugehörigen oder affinen Checker, die gegebenenfalls auch schon einmal ihre Unabhängigkeit „vergessen" und Checken mit anderen Interessen vergällen. Sie sind somit auch selbst in der Lage ihre eigenen Checker festzulegen und damit unabhängiger, objektiver Leistungsüberprüfung enthoben. Zu dieser Phase gab es mehrere Cliquen bei DBA, die sich gegenseitig protegierten und so schnell wie mögliche während der Wachstumsphase versuchten irgendwelche Positionen zu erobern. Zum Erobern gehörte das „Betören" von Adam C. Dies drückte sich dadurch aus, dass man Einsatzort München wählte, um dem Elfenbeinturm möglichst nahe zu sein. Darüber hinaus wurde die Horde dann jeweils gleichzeitig

„süchtig" in derselben Freizeitbeschäftigung wie Adam. Er liebte seine Ducati (italienisches Motorrad, Klassiker mit V-Zylinderanordnung) also fuhren alle Checker in Spe zeitnah Motorrad, am besten Ducati. Er ging mit dem Fahrrad in die Berge, alle entdeckten das Fahrrad. Ich weiß nicht mehr ob es in Paturi`s „Rolltreppeneffekt" war oder wo auch immer, wo von den "gleichen" Interessen wie denen des Chefs gesprochen wird. Wenn er golft lernen sie Golfen und „treffen" sie ihn zufällig auf dem Grün, wenn er segelt lernen sie Segeln und treffen ihn zufällig etc.pp. Dies Vorgehen hebelt ein wenig das Peter Prinzip aus und sie rücken während sie ihrem Selbst entrücken näher an die Macht und Herrlichkeit und glauben sie nur nicht, dass konstruktive Kritik sich auszahlt.

Es bleibt Kritik und kaum jemand in Führungsposition akzeptiert diese nicht nachtragend bzw. verletzt, beleidigt und auf Rache sinnend. Nur wirklich souveräne Führungspersonen können damit umgehen und Quintessenzen daraus ziehen oder diese argumentativ widerlegen.

Für mich und meine Familie bedeutete dieses Downgrade (Supervisor -250,-DM / Stationscaptain/ -500,-DM / Copisalär - 500 ,-DM) ca.1250,-DM weniger als zur Entscheidungsphase für unser Haus mit zusätzlicher monatlicher Mehrbelastung aus Umstationierung nach München wegen Stationsschließung Base Stuttgart von von ca. 1220,-DM (München Übernachtung Hotel Amadeus Neufarn 420,-DM; Spritmehrkosten 250,-DM; Mietwagen, wenn meine Frau unseren Twingo brauchte 350,-DM; Verpflegung 200,-DM). Also grob gesagt 2500,-DM weniger als zuvor. Das hieß nunmehr zur Verfügung -1400,- DM. Ein halbes Jahr zu puffern, das gibt der Dispo her. Ich wollte den Kindern ihre vertraute Umgebung erhalten, München war nicht meine Traumstadt also entschied ich mich für das Pendeln mit Bitte um Übernachtungsketten bei der Einsatzdisposition, um Übernachtungskosten zu sparen, lagen die Dienste ungeschickt für eine Heimfahrt. Man war jung und belastbar, ehemaliger Sportlehrer, Nichtraucher, Nichttrinker und fit, das hält man locker durch für ein halbes Jahr oder länger, bis die Finanzen wieder stimmen und man wieder Tritt fasst. Denkt man. Meine Erfahrungen lehrten mich damals, dass das was uns planbar und machbar erscheint allzu häufig von Wunschträumen und daraus abgeleiteten Hoffnungen genährt wird, die die Realität missachten. Auch auf die Gefahr mich zu wiederholen: „ der Mensch ist niemals scharfsinniger, als wenn es darauf ankommt sich selbst zu betrügen.

Theorie:

Man fährt also 246 km einfach zur Arbeit, bleibt dort 5 Tage, geht kostengünstig auf Overnightkette und pendelt ins Wochenende zurück. (Klappte nur 1998 ganz gut mit 187 Tagen weg von Family and Friends unter verbleib von 7 Sonntagen!) Die wenigen Bereitschaften verbringt man im ermäßigten Pendlerhotel in Flughafennähe, die Nacht zu 60

DM oder weiter weg in der Fernfahrer „Baracke" zu 40,-DM
ohne Frühstück, das gibt`s an der Tanke für   2,80 DM

Praxis:

0130 Uhr aufstehen, 0200 Uhr Abfahrt, München Airport
Ankunft 0430 (½ Std Puffer), C/in 0500Uhr, Briefing, 0600
Uhr Abflug, 4 Legs, 1400 Uhr letzte Landung, 1430 Uhr
C/Out, 1445 Uhr Abfahrt (man hat ja keine Nightstops
bekommen!) in die Rushhour gegen 1800Uhr zu Hause.
500Km auf dem Taxameter! Spielen, Abendessen, zu Bett,
der Wecker klingelt um 0130Uhr!!!

Im Winter Wecken um 0030Uhr Rückkehr gegen 1900Uhr.

Standby: Wecken um 0200 Uhr Abfahrt um 0230 Uhr
Ankunft Augsburg ca. 0415 Uhr (1Std von Muc Airport
entfernt, ca.80km)

Sitze flach gestellt, Schlafsack eingekuschelt in den Tag
schlummern:

Variante 1

Ausschlafen gegen 0900 Uhr in die Stadt, Frühstücken, Zeit
bis 1600Uhr „totschlagen" Heimfahrt, 160km gespart

Variante 2

Telefon:"Du wir brauchen Dich!"
Umziehen, Losfahren gehetzte Ankunft um 0500Uhr, dann
Ablauf normal wie unter normaler Praxis.

Variante 3

wie V2, allerdings Anruf um 1555Uhr

„Du wir brauchen Dich 2Flüge Abflug 2030Uhr!!

Den Rest können sie sich denken.

Requests werden dann seit 1998 scheinbar per order umgekehrt geplant und das scheint Methode zu besitzen. Übernachtungswünsche werden zu Eintagesumläufen, Früh wird als Spät realisiert und ähnlich. Ein Kollege meinte mal das schaffe das Potential, dass alle Kollegen auf Nachfrage mit Offerieren der gewünschten Alternative sofort einwilligten und somit eine weitere „Schattenreserve" gebildet werde.

Unser damaliges, einziges Fahrzeug, ein Twingo war für derlei Strecken Holzelfingen-Muc, 248km einfach, allerdings nicht konzipiert und litt gewaltig. Bei einer Körpergröße von 187 cm hielt sich mein „Fahrvergnügen" in Grenzen. Der kurze Radstand war dem Fahrkomfort und den Bandscheiben eher weniger zuträglich und 50PS bei 160km Spitze zauberten auch kein Lächeln auf das Gesicht des Fahrers.

Hinzu gesellt sich nach einer gewissen Phase der Gleichmut mit zunehmender nervlicher Abnutzung ein steigendes Aggressionsgefühl den „Zeitdieben" gegenüber. Die Autofahrer, die links gepachtet haben und „Erlaubt" oder 20 km darunter schleichen, die bei freier rechter Spur auf der

Baustellenstrecke links verharren, die 50m vor dem Überholt werden nach links ausscheren, die Lichthupen, wenn man sie unter Winterbedingungen mit 80 kmh überholt, wenn sie 40kmh für ausreichend halten u.v.m.

Einfach ausgedrückt. Kosten steigen, Lebensqualität sinkt, Freizeit gefühlt nicht mehr vorhanden.

Jede Minute denkt man an die verbleibende Rest-Zeit zu Hause.

Die Kinder wollen bespielt, Wäsche will gewaschen, Einkäufe wollen gemacht, Koffer wollen ohne etwas zu vergessen gepackt werden.

Kurz die fortlaufende Quadratur des Kreises muss geschafft werden.

In diesen Höchstleistung abverlangenden Momenten kommen sie dem Sekundenschlaf beim Fahren ganz nahe. Da der Flugdienst in meiner Kernzeit lag, war Napping (Nickerchen) im Flug nie ein Thema für mich. Meine „platte" Phase war nach 1,5 STD Heimreise angesagt. Übel in der Erinnerung war es, wenn die Vernunft siegte und man die Autobahn zum Schlummern (15Minuten) verließ und man bei Ausschalten des Motors in der vibrationslosen Ruhe plötzlich hell wach war. Kein Denken an Schlaf. Also Weiterfahrt und das selbe Spiel von vorne. Die Hölle.

Das ganze entpuppte sich schließlich, geschuldet bereits zuvor erwähnten Winkelzügen, zu einer mehrjährigen Belastung. Letztendlich pendelte ich fast 51/2 Jahre zwischen Stuttgart und München. Die andauernde finanziell angespannte Lage zehrt gewaltig, und das Haus ist nur auf „Dispo" zu erhalten.

Ich fliege nun einen mittelgroßen Jet. Boeing 737-300 mit 136 Sitzplätzen und neben Airbus A319/320 schlichtweg eins der „Arbeitspferde" der Luftfahrt und lerne viel von Kollegen, die ich schon von SAAB in gegenteiliger Crew-Composition kannte bzw. von alten Haudegen, wie Christian P., der bei G. Jauch showstark Hape Kerkeling als Laien auf einem Simulator bis zur Landung „heruntersprach". Von ihm sind mir viele kleine Tips für den Alltag in Erinnerung, die einem in bestimmter Konstellation fliegend evtl. die entscheidenden Sekunden verschaffen, um nicht in die Gefahr zu kommen eine Vorschrift zu übertreten.

Auch wusste er aus seiner Militärzeit viel über Italien, sprach ganz gut italienisch und ich erinnere mich immer wieder an Flüge mit ihm, ganz besonders an Flüge mit Nightstop in Rom. Wir begaben uns zum Vatikan, besuchten den Petersdom, schauten uns das Kolosseum an und gingen mit seinem Insiderwissen in kleinste aber feinste, familiengeführte Pizzerien. Er besaß auch als Anwohner zum Flughafen MUC die Chuzpe sich bei Fluglärmgegnern zu engagieren, wie mir schließlich zu Ohren kam. Auch er war spät nochmals Vater geworden und ganz vernarrt in seinen „Kleinen".

Die Zeit als F/O brachte mir einiges an Erfahrung und Routine. So erlebte ich nochmals den Unterschied zwischen Theorie und Praxis, als mich und meinen Kollegen, dessen Name mir nicht mehr einfällt, der aber zu British Airways ins

„Mutterhaus" wechselte, die Cabin Low Pressure Warning im Reiseflug auf London aus der morgendlichen „Lethargie" riss. Ich saß nach Proceedure mit Oxygene Mask da mit Checkliste in der Hand, die Cabin war auf 10000 ft max gestiegen, Trend für Druckanstieg erahnbar. Alles stabilisierte sich nach kurzer Zeit wieder und der Kollege meinte später schuldbewusst, er hätte eigentlich wohl auch die Maske nehmen gemusst!

Auch war eine 4-wöchige Abordnung nach Amsterdam zu Transavia (KLM Tochter) im Wetlease Cockpit ein operational Routine Highlight. AMS-LHR-AMS-LHR-AMS. 4X35 Minuten Flüge, jeder voll besetzt, highest density Airports Europas mit Dauerstress. Flugvorbereitung, Taxi, TakeOff, Reiseflug, Landung,Taxi; DaCapo. Keine Pause, keine ruhige Mahlzeit, keine „große" Toilette. Dienstschluss, Taxi, Hotel,Essen,Schlafen. 2x14 Tage, 2 Besuche von Amsterdam City. Maximales Heimweh und Familienentzug. Schließlich in sehr guter Erinnerung die hohe Professionalität der Cabin Crew in engster Zeittaktung ohne Murren und Meckern und immer lächelnd! Ca.4-6 Gäste pro Minute abfertigend. Das gelang damals auch bei DBA durch Start Service 10.000ft Clb (Beginn des Service beim Steigflug durch 10.000 ft bis zum Sinkflug durch 10.000ft Dsc.

Nach 18 Monaten F/O mit guten bis sehr guten Bewertungen, dann Teilnahme an erneuter Kapitänsausschreibung und Umschulung linker Sitz (Commander) 737/300

Im Karussell der austauschbaren Namen war mittlerweile Carl M. und Adrian H. aktuell Geschäftsführer, der mich beim Glückwunsch zur neuen alten Position mit den Worten „No more Poems please" bedachte. Was er meinte? Ich hatte mir mehrfach mit ausführlichen Kommentaren, auch mal Gedichten erlaubt, auch anonym mit verstecktem Hinweis auf meine Urheberschaft, zu beschreiben, was in der Betriebsführung bzw. bei Personalien im Argen liege.

Aber das ist eine andere Geschichte

Der Wermutstropfen zum erneuten Kapitän war die Versetzung nach Köln. Nunmehr 400km zum Dienst, was nur noch zur wöchentlichen bzw. 3tages Dienstkette mit An und Abfahrt taugte. Es bedeutete also mehr von zu Hause weg zu sein und Fahrt zum Dienstbeginn mit Start 0000 Uhr für eine 3,5-4H Fahrtstrecke, um mit „Puffer" in Köln anzukommen. Da der Puffer selten benötigt wurde hatte man nach der Ankunft am Parkplatz die Gelegenheit zu dösen oder man legte sich auf die Sitz-Couch im Crewraum. Dies ist aber die 2te Wahl, da man von den Kurzpendlern (bis 100km) und deren nicht genutzter Zeitreserve leidet. So „tröpfeln" diese Kollegen und Kolleginnen bereits ab einer halben Stunde vor geplantem Check-in ein.

Was unsere private Situation betraf, so änderte sich nicht viel. Hatte ich beim Downgrade die Kapitänszulagen bei gesteigerten Kosten verloren wurde mir beim neuen Einstieg die Kapitänsstufe mit nahezu dem gleichen Gehalt gewährt. Gegenüber der Eingruppierung von Kollegen ohne „Karriereknick" fehlten mir somit einige Gehalts Stufen und das Geld blieb knapp. Dennoch, unser Twingo war mittlerweile „Schrott" und es musste Ersatz her. So konnte man ihn nur noch starten, indem man den Sicherheitscode der Diebstahlsicherung eingab. Dazu musste, ich meine mit dem Blinkhebel wie beim Morsen ein Code getaktet werden, was das Fahrzeug sehr uncharmant für den Alltagsbetrieb werden ließ. Also via Ebay für 500DM an einen „Ausschlachter" aus dem Ruhrgebiet verkauft, der ihn bei uns zu Hause abholte. Übrigens hatten wir dies Codeverfahren vom gerufenen Pannenservice Renault eröffnet bekommen, nachdem wir unsere prekäre Situation mit einem Fahrzeug erklärt hatten. Ewiger Dank diesem Mitmenschen.

Wie dem auch sei, wir mussten daraufhin ein „Langstreckenfahrzeug" finanzieren und kauften vom Händler an der Ecke einen Diesel, Kombi, Audi A6, 5 Jahre alt, mit nur 55000 km, der das Pendeln erträglich machte und dessen Rate ich zeitweilig durch das Schlafen im Auto im „Komfort" einer Kombifläche wett machte. Das hieß zwar des öfteren neugierige Blicke am Wegesrand und einer Nacht-Parkmöglichkeit auf sich zu ziehen, in Gemeinschaftsumkleiden bei der Technik zu Duschen, um hernach den Tagesgästen „frisch" und ausgeschlafen ein herzliches Willkommen an Bord zu wünschen. Bei mehrtägigen Aufenthalten ohne Heimfahrt an einem zwischengeschalteten, freien Tag auch ins Hallenbad zur Körperhygiene. Des öfteren dann auch absteigen in Fernfahrer- und Reisenden- Gasthöfen. Diese Form des Nächtigens im eigenen PKW habe ich vielfach durchgemacht und ich kann es auch für Cabin Crew bestätigen, in neuerer Zeit, im Parkhaus Stuttgart. Die Zeiten, in denen man als Purserin all in all im Jahre 1987 ca. 7500,-DM (Meine 2.te Schwiegermutter bei Hapag Lloyd !!!) verdiente, liegen lange zurück und zu den Gehältern von damals ist das „lausige" Salär der neuen Flugbegleiter, innen bzw. berufseinsteigender Piloten eine soziale Schande für den Arbeitgeber. Allerdings können sie in der heutigen Zeit von all den Handlangern der immer unersättlich werdenden „Rendite-Erpressern" und deren unmoralischen „Einpeitschern", die sich ihr, „fragwürdiges" Handeln selbst mit 4,5 Millionen Gehalt mittels Bankbürgschaft absichern lassen, nichts erwarten was einem sozial verantwortungsvollen Umgang gleich kommt. Soziale Verantwortung ist zur leeren Worthülse verkommen. Diese Manager sind einfach nicht diesbezüglich neuronal Vernetzt. Die Synapsen für Empathie wurden nicht angelegt. Im Vorgriff sei hier ebenso die Lächerlichkeit des großartig medienwirksam verkündeten „Gehaltsverzichtes" von Investoren erwähnt, die sich letztendlich als Heuschrecken entpuppen, die der Mannschaft Gehaltsverzicht abzwingen, um sich bei der Veräußerung des lukrativen Teils des zerstückelten Unternehmens die Taschen mit dem vielfachen Millionen-Äquivalent eines Geschäftsführergehaltes voll zu stecken. Hier sei nur auf den Verkauf der DBA/LTU an die Air Berlin verwiesen, ein Deal, der nicht viel sauberer ablief als der, der das Ende der AirBerlin kennzeichnete. Skah (König der Löwen) lässt die Hyänen für sich die Drecksarbeit machen, strukturiert selbstlos deren Einsatz, beansprucht letztendlich aber das Gros der Beute. Ob dies ein Luftfahrtberater aus Nürnberg oder ein Rennfahrer aus Österreich ist, in den Medien als Robin Hood und Mutter Theresa in der Selbstdarstellung sind es doch einfach nur ob eines entgangenen Gewinns enttäuschte Kritiker.

So entsinne ich mich noch sehr gut an Herrn Wöhrl, der der Belegschaft der DBA, nachdem er diese Airline für einen Euro von British Airways übernommen hatte und dazu noch ein erkleckliches Paket „Proviant" seitens BA, was Leasingkosten betraf, erhielt, 2003 uns Piloten 15% veröffentlichten Gehaltsverzicht auferlegte, was durch Wegfall von Urlaubs-und Weihnachtsgeld schließlich nicht öffentlich gemachte ca.23,2 % ergab und das durch gewerkschaftlich, selbstherrliche Gutgläubigkeit um ein Jahr verlängert, insgesamt für 2 Jahre. Das barg für uns als Familie die Konsequenz des Verkaufs unseres Hauses und den Umzug zur Miete nach Reutlingen. Im übrigen bin ich meiner Frau noch heute dankbar für diese, Ihre einsame Entscheidung, das Haus an einen Makler zur Veräußerung zu geben. Ich hätte wohl zu lange zugewartet?

Das Versprechen, das verzichtete Gehalt der Belegschaft, allein bei mir ca.40.000€, eines Tages zurückzuerstatten ging wohl nur für Herrn Martin Gauss und Herrn Wojahn, die als Geschäftsführer aus den eigenen Reihen zu je 7,5% Anteilseigner geworden waren, in Erfüllung.

Anekdote

Herr Wöhrl tut selbst kund, bei diesem Kauf letztendlich den einen € ,der Kaufsumme für British Airways von der anwesenden Vertragsdolmetscherin geliehen bekommen zu haben und diesen mit 40.000€ vergolten zu haben.

(https://mobil.stern.de/reise/wie-hans-rudolf-woehrl-eine-airline-mit-einem-geliehenen-euro-kaufte--7675430.html)

Bei all diesen unschönen Vorgängen hatte nur Herr Dr. Helmig, Gründer der Helios Kliniken und mit seiner Aton GmbH zu 25% beteiligt die Größe, für schnell gemachte Gewinne aus dem Deal DBA Verkauf an Air Berlin jedem

Mitarbeiter (ca.800) 192 AB Aktien (ca.16€ das Stück) oder 2,5Mio an die Mitarbeiter zurückzugeben. Geschuldet wird den Mitarbeitern eine Summe von geschätzt 20 Mio, die wir nie wiedersahen, die aber mit Leasingabkommen zur Verschönerung der Braut herhalten Mussten. Da sich das Eigenkapital der DBA 2006 auf ca. 20Mio belief ergibt sich für die Verkäufer ungeachtet der Steuern wohl folgende Rechnung. Verkaufspreis vermutet gemäß Focus 120Mio – 20 Mio EK= Erlös von 100Mio. Das macht pro Anteil Wöhrl 60 Mio, Helmig 25Mio, Gauss 7,5 Mio und Wojan 7,5 Mio. Vergleichbar lief ein ähnlicher Deal mit der LTU, so dass Air Berlin 200 Mio für die Akquise ausgab und das Wöhrl'sche Engagement in 3 Jahren vermutete 120Mio rentierte (bei angenommen gleicher Beteiligungssituation). Was wohl wenn J.Hunold die DBA/LTU für einen € hätte kaufen gedurft und 200 Mio mit Zins und Zinseszins dem Unternehmen verblieben wären? Da wäre doch ein Gehalt in Millionenhöhe für einen GF das kleinere Übel gewesen.

Aber das wäre eine andere Geschichte geworden

Ich möchte fortfahren mit dem Alltag einer Mannschaft in andauernd stürmischen Zeiten.

Unsere Belastung wuchs stetig durch immer wieder verknappte Turnaround Zeiten, d.h. die Zeit in der das Luftfahrzeug am Boden abgefertigt werden musste geriet immer knapper. Und zum Dauerstress der ewigen Unsicherheit ob des wirtschaftlichen Überlebens der Firma addierte sich im Lauf der Jahre der, einer erhöhten Taktrate bei der „Stückzahlproduktion", sprich bei den Bodenzeiten. Hatte ich zu Beginn meiner Karriere noch Bodenzeiten von in der Regel mindestens 1H erlebt, so verkürzte es sich bis kurz vor dem endgültigen Niedergang auf mancherorts 25 Minuten bei einer Passagierzahl von ehemals 33, SAAB 340, auf letztlich bis zu 210, A321! Nachfolgend werde ich versuchen zu erläutern, woher bei gleichem Luftraum und ähnlichem Streckenprofil solcherlei Stresszuwachs resultierte. Aber zuvor möchte ich diesbezüglich noch eine Anekdote erzählen, die mir half, mit der daraus gemachten Erfahrung, mich immer wieder an die Konsequenzen aus andauerndem Zeitstress zu erinnern und es fortan besser zu machen. Hier hat man als Commander die Pflicht, Druck aus dem Kessel zu nehmen, in sich zu gehen und den vielleicht jungen Kollegen oder den im Strudel der alltäglichen Hatz versinkenden erfahrenen Kollegen zurückzuholen in die Sicherheit einer „erzwungenen", bewusst „durch-geatmeten" Operation. Die Problematik dabei ist der Spagat über einem viel zu breiten Graben aus sinnvollen Vorschriften mit den kurzen „Zeitbeinen" zu schaffen. D.h. die Vorschriften, die der Sicherheit dienen sind kaum noch in der zur Verfügung stehenden Zeit umzusetzen und das ganze schließlich noch in einem Umfeld aus andauernd wechselnden Bodenmitarbeitern, die aufgrund der Anforderungen bei erbärmlicher Bezahlung dann aufgeben, wenn Ihnen das System gerade vertraut ist.

Anekdote

Wir waren auf dem Flug von Stuttgart nach Berlin. Alexander S., ein sehr geschätzter Kollege, hatte die PushBack Clearance (die Freigabe zum zurückschieben des Flugzeugs) geholt. Ich habe den Bodenagenten entsprechend über Intercom instruiert und nach dem Lösen der Bremsen wird das LFZ alsdann zurück in die Losrollposition geschoben, während man in Bodenabsprache die Triebwerke startet. In der Position setzt man nach Aufforderung des Ramp-Agents die Bremsen des Flugzeuges und wiederum nach Absprache wird das LFZ bei einem Lifter (Bodenfahrzeug, welches das Bugrad festklemmt und für den Schiebevorgang die „Nase" anhebt) abgesetzt und nach Bestätigung, dass alles stabil funktioniert, von jeder Verbindung mit dem Bodenpersonal getrennt. Bei einem „Stangenpusher" (Bodenfahrzeug mit Schubstange) wird „abgenabelt" und hernach im Ablauf gleich das Klar zum Rollen unter der Prämisse des zu bestätigenden „Daumens hoch" gegeben. D.h. man sieht den Ramper und die Geste bedeutet „alles frei und fertig zum Rollen".

So weit so gut.

Wir waren an jenem Tag schon das 3te mal spät „Off-Block"
gegangen. Die Blockzeit ist das Maß für die Pünktlichkeit in
der Luftfahrt per Definition ab der in Bewegungssetzung
(Rollbewegung aus fremder oder eigener Kraft nach der
Entfernung der Bremsklötze am Fahrwerk) der Maschine.

In der Position zum Losrollen war ich fälschlicherweise von
gegebenem Bodensignal ausgegangen, Alexander war mit der
„After Start" Checklist beschäftigt als ich die Parkbremse
bereits löste und am Ende der Checkliste beim Clear Signal
Received (Bodensignal erhalten) losrollen wollte. Der
Schlepper oder Pusher war bereits verschwunden, eigentlich
ein Indiz dafür, dass sich niemand mehr am LFZ außerhalb
im Gefahrenbereich mehr aufhält. Wir waren wenige
Zentimeter angerollt mit Triebwerken auf Leerlauf, als in den
Kopfhörern ein „Stop" zu vernehmen war. In der Hektik hatte
der neue Ramper es versäumt nach ergangener Freigabe zur
Rollvorbereitung sich vom Flugzeug zu entfernen.
Konsequenz Vollbremsung aus Schrittgeschwindigkeit
(kleiner als die 2km/h, keine Computeranzeige) mit Folgen.

Unsere Purserin, eine Französin, hatte wohl gerade mit ihrer
Ansage begonnen dazu hatte sie den Ansage-Höhrer aus der
Halterung genommen, und stand wohl noch vorgebeugt in
Rollrichtung. Beim abrupten Stoppen war sie mit dem Kopf
auf die Halteschale aufgeschlagen, empfand sich aber
unverletzt und gab das Cabin o.k (abflugbereit Signal). Den
Grund für das plötzliche Bremsen hatte ich ihr zuvor erklärt.

Im Anflug auf Berlin hatte sie dann die Muße ins Cockpit zu

kommen mit den Worten: „Isch glaobe isch abe mir die Noase gebroschen" was nicht der Fall war, wie wir später nach ihrem Arztbesuch erfuhren, was aber eine Schwellung und zart grünliche Verfärbung nahe gelegt hatten.

Was habe ich daraus gelernt. Der Dauerstress, unhaltbare Slots einhalten zu wollen trägt in sich das größte Unfallrisiko schlechthin und hebelt oftmals sinnvolle Sicherheit schaffende jedoch zeitintensive Verfahren der Abläufe aus.

Aber das ist eine andere Geschichte

Wenn ich hier offen über solcherlei Erfahrungen berichte, dann möchte ich auch einmal von Air Safety Lettern reden, einer Errungenschaft, derer sich die Luftfahrt rühmt und die die Sicherheit im Luftverkehr erhöht bzw. diese noch auf hohem Niveau stabilisiert. Dies ist aber auch deshalb gegeben weil auf der „Galeere Luftfahrt" der Trommler der Rendite-Haie die Schlagzahl im Blutrausch der maximalen Effizienz kontinuierlich erhöht.

Im Zuge der Dichte-Zunahme des Luftverkehrs mit einhergehender Zeitverknappung bei Arbeitsroutinen an Bord muss kontinuierlich das Unfallvermeidungsmanagement angepasst und intensiviert werden.

Das führt zwangsläufig zu immer ausgefeilteren Informationsstrategien,um die in Potenz aufkommenden Fehler und Systemauffälligkeiten jedem Piloten zur Prävention mittels Fremderfahrungen zugänglich zu machen.

Ich sehe hier eine gnadenlose Ausnutzung „weicher" (Human Resources) und „harter" (Equipment, LFZ und Maintenance/ Wartung) Betriebsmittel bis zum mathematischen darstellbaren aber praxisfremden BWL-Limit, welches den Faktor seelisch/psychisch und physischen Verschleißes nicht oder nur marginal berücksichtigt.

Können Sie sich vorstellen, was es heißt, eine hoch komplexe, kontrollierende, situativ ausgelöste, reaktiv, korrigierende Tätigkeit auszuüben, während sie 85dBA Dauerlärm, 12Std Arbeitstage unter dauerndem Zeitdruck im Schichtbetrieb bei dürftiger Nahrungsqualität abzuleisten haben und ihr Arbeitgeber ihnen zusätzlich die Ohren im

Dauermonolog vom baldigen Untergang zudröhnt und ihnen an die finanzielle „Wäsche" will. Das Ganze gekrönt vom Fitness Wohl oder Wehe eines bzw. zweier jährlicher Gesundheitschecks und zweier komplexer Fähigkeitsüberprüfungen auf dem Simulator, die ebenfalls über Top oder Flop ihrer Existenz entscheiden.

In diesem Umfeld, welches neben alltäglichen Herausforderungen lebenslanges Dauerlernen erfordert, können sie mittels und durch Erfahrungen anderer Kollegen über ein Report-System (Meldesystem mit Melde-Vorgaben) ihre situative Wachsamkeit verbessern. Das soll heißen von den Vorkommnissen oder Fehlern anderer lernen. Ich halte diese Errungenschaft, neben der anonymen Datenerhebung des dauernd mitlaufenden QAR (Quick Access Recorder), dem sozusagen Unfall-unabhängigen Alltagsflugschreiber, allerdings auch für ein zweischneidiges Schwert.

Zum einen unterliegt die Crew einer dauernden Leistungs- und Fehlerkontrolle und muss sich selbst gegebenenfalls „anschwärzen". Zwar wird das System als Fortschritt bei der Unfallprävention verkauft, aber die Auswertung vernachlässigt meines Erachtens die Benennung von indirekten Ursachen, wie ich diese zuvor geschildert habe.

Zum anderen wird in der mir bekannten Luftfahrt eine Ebene zu früh gestoppt, wenn es um Verantwortung geht. Bei einem Ereignis haben auch indirekte Faktoren als konkrete Tatbestände gewürdigt zu werden. Dazu zählen solche Dinge wie „WISE Tankering", Seminare etc., wo den Crews unter dem Deckblatt der „entscheidungshelfenden Fürsorge" die

Mitnahme von zusätzlichem Treibstoff, über den gesetzlichen Minimal Anforderungen abtrainiert werden soll. Das ganze aufbereitet unter dem Aspekt des Umweltschutzes (geringerer Verbrauch durch weniger zu Gewicht, da weniger Fuel an Bord), mittels Tankgutschein für Seminarteilnehmer, mittels Hervorhebung des Empfehlungscharakter (Die letzte Entscheidung treffen natürlich Sie, ein „wichtiger" Satz zur Schuldbefreiung des Arbeitgebers. (Wobei statistisch ihr Tankverhalten ausgewertet/zugeordnet werden kann)

Was will ich damit sagen? Das kaufmännische Management muss mit in die Verantwortung von Vorkommnissen und Unfällen, mit auf die Anklagebank. Denn nur so lässt sich der unsägliche Dauerdruck aus dem Kessel nehmen, indem man die „Anheizer" mit ins „Boot" der Verantwortung nimmt!

Mir bekannt ist einzig, dass beim Absturz der x-air mit Melanie Thornton an Bord in Zürich auch das Management mit auf der Bank der Verantwortung Platz nehmen musste. Die Manager aber, die in jüngerer Vergangenheit im Spiel mit den Ängsten der Belegschaft hohes Risiko in Form gedanklicher Ablenkung im Cockpit erzeugten wurden, statt sie ob ihrer Verantwortung gegenüber den Besatzungen und Mitarbeitern zu ermahnen, zu Managern des Jahres gehiped. Die „Animal Farm" von Orwell war und bleibt stets aktuell.

Ich denke, wenn sie als Passagier gewusst hätten, mit wieviel Störung von Aufmerksamkeit Crews in der letzten Flugphase der Abwicklung der Air Berlin unterwegs waren, sie hätten wohl eher den Zug genommen. Warum ich das weiß? Ich war selbst Crew. Vom Check/in bis Check/out nur ein Thema, die

Arbeit fast ausschließlich der „Rückenmarks"-Routine überlassen. Am Funk auffallend oft mehrfaches Rufen auf der Funkfrequenz bis zur Reaktion der Kollegen, was auf deren ablenkende Gespräche untereinander hindeutete.

Fassen wir doch einfach mal zusammen:

Flugzeugführer sind hoch spezialisierte Arbeitskräfte in einem sehr anspruchsvollen, komplexen und pro Arbeitsintervall lange andauernden kognitiv-physischen Prozess von Systemvorbereitung,Systemkontrolle, Entscheidungsfindung, Systemjustierung, Menschenführung, Umfeldorganisation u.A. in einem sich kontinuierlich ändernden Produktionsbereich (Wetter, Tageszeit,Technik u.v.m.) unter der Prämisse an Bord befindliches „Leben" unter allen Bedingungen zu erhalten.

Diese Aufgabe wird von Menschen erfüllt, die zielgerichtet maximal vom Management irritiert werden mit:

-Zukunftsängsten -Untergangsszenarien -Gehaltsverzicht -Arbeitsbedingungen -Tarifverträgen - (+)Produktivität -Fadenscheinigen Versprechen

und das bei gesteuert nachlassender Qualität von:

-Zuarbeit - Arbeitsmitteln (uralte Flotte) – Einsatzstruktur -Menschenführung – Infrastruktur – Aufrichtigkeit

Wollen Sie wirklich mit einer Crew fliegen, die im Anflug über die Zukunft nachgrübelt??

Aber das ist eine andere Geschichte

Die Luftfahrt ist allmählich vergleichbar des Umgangs mit den Mitarbeitern vom Niveau her provozierend ausgedrückt vom „horizontalen" Gewerbe zum „Straßen" Gewerbe verkommen von der grand Hotellerie von dereinst ist nichts mehr geblieben. Billig gilt auch für die sozialen und weiterer Eigenschaften von vielen Bossen und CEO`s. So haben Manager wie z.b. Helmut Mehdorn kurz Debütiert dann Quittiert ohne, dass sie jemals sich unter das „Fußvolk" mischten. Ihren Boss in Utopia kennen Sie also nur aus der Tageszeitung, aber die netten Kollegen und Kolleginnen vor Ort oder im Cockpit machen vieles wett mit Erlebtem und Berichtetem. Aus diesem Grund noch ein paar Erinnerungen an Co-Piloten, die mir auf ewig in gewahr bleiben.

Zum Thema Tageszeitung 2x Assim G., der Urschwob schlechthin, allerdings dunkelhäutig. Für ihn, Sohn einer Deutschen mit Vater, ich meine, Ghanaer, war es immer reizvoll, die Reaktion der Leute auszukosten, die ihn nach in breitem schwäbischem Dialekt geführtem Telefonat erstmals leibhaftig ansichtig wurden, sei es als Mieter oder als Autokäufer etc. Aber das ist nicht die Eigenschaft, die mir am meisten an ihn in Erinnerung geblieben ist, nein es war sein Wort-Witz und seine Fähigkeit Dinge offensiv auf den Punkt zu bringen. Es war zu der Zeit, als wir Ex Stuttgart Homebase gemeinsam Boeing 737 für die DBA flogen. So um die Jahre 2003-2007. Geschäftsführer war M.Gauss oder Wojahn oder Hunt oder oder oder? Wir flogen innerdeutsch und little Europe sowie Charter auf einer relativ jungen Flotte als pünktlichste Airline Europa's. Ich meine die Business-Converter Seats der BA (Man konnte diese 3er Sitze zu 2 breiten Sitzen mit Abstand zum Nachbarn umbauen und ein Vorhang trennte sie dann von der main cabin ab) waren bereits ausgebaut und Wöhrl Eigentümer der Deutsche BA. Im übrigen zu erwähnen sei mir erlaubt, dass mir noch 40.000€ Darlehen in Form von Gehaltsverzicht an meinem Betrieb zustanden. Das waren ja die Tatsachen bei versprochener Rückerstattung, oder? Nun gut. Als Dolmetscher bei einer Großübernahme gibt`s derlei „Peanuts" auch schon einmal für einen geliehenen Euro. Sie erinnern sich an die Boulevardstory zum Verkauf der DBA und wissen ja, dass Millionäre kein Kleingeld in der Tasche haben für den Einkaufswagen bei Penny!

Doch zurück zum „Wesentlichen".

Der 11.September war Vergangenheit und mächtige Türen trennten nunmehr den Pilotenweizen von der Passagierspreu ab. (Übrigens erinnere ich mich auch an den 11.September. Nachmittags zu Hause vor dem Fernseher, das Unglaubliche sehend und dann nach der Fahrt nach München, um mit Alena M. Nachtpost zu fliegen! Eine wirklich hübsche und feminin gebliebene Pilotin, die es mit ihrem Mann aus Brasilien ins kühle Deutschland verschlagen hatte. Wir waren tief betroffen und in Gedanken eher nicht bei der Sache)

Also Assim sitzt neben mir früh morgens in unserem Hochsicherheitskämmerchen, die Vorbereitungen sind erledigt und er liest von den Zeitungen und Magazinen an Bord die „Bild". Ja, auch das ist nicht geflunkert. Vom

Tagesspiegel über die Frankfurter bis zur Bild, von Bild der Frau, dem Playboy bis zum Focus, all das gab es an Bord, kostenlos und freundlich ausgelegt oder überreicht. Assim hatte wohl Lotto gespielt und sah die Titelseite der BZ in fetten Lettern mit dem Aufreißer: „Krankenpfleger gewinnt 36 Millionen Jackpot….. und er sagte, er wolle sein Leben nicht ändern und das alles so bleibt wie es war"…

Assim zeigte, frustriert darüber, dass ihn das Schicksal mit einem Gewinn verschont hatte auf die Headline und sagte vorwurfsvoll:"Wieso spielt des A….loch no iberhaubt Loddo?" Er hatte mit wenigen Worten die Dämlichkeit solcher Einlassungen in Interviews auf den Punkt gebracht. Witzigerweise hatte ich mit ihm 2 Events, die mit Zeitung bzw. Zeitschrift im Zusammenhang in ewiger Erinnerung bei mir geblieben sind, wobei ich die 2te Anekdote mit ihm jugendfrei nur in leichter künstlerischer Verfremdung vermitteln kann.

Wir hatten zu dieser Zeit den „Playboy" regelmäßig an Bord. Der Gag war ein zweites Titelblatt, welches den erotischen, ich meine witzigen Inhalt verschleierte. Im übrigen immer wieder interessant, welche 2 Varianten der Mitnahme es dabei gab. Offensiv oder versteckt, wobei Frauen zumeist erklärten ihn für „ihren" Freund mitzunehmen. Ob das eine Ausrede oder die Wahrheit war?

Wir haben es nie erfahren.

Ich denke, es war oft die Wahrheit, oft aber auch Neugier auf die Welt der Männerphantasien sprich Witze. Bei Männern gab es die „Selbstbewussten" und die „Wrapper", das waren die, die ihn als: „Ich habe einen als Trophäe" trugen oder die, die ihn unter der Tageszeitung verschwinden ließen.

Doch zurück zu Assim.

Er sitzt bei der Flugvorbereitung und die Purserin kommt herein und fragt, ob er noch was wolle.

Assim erwidert: „No en Kaffee un hätsch mir no en Bläboy!" (Noch einen Kaffee und hättest Du noch einen Playboy für mich?)

Sie verlässt das Cockpit, kehrt mit Kaffee zurück und erklärt:" Playboy haben wir heute keinen, ich kann Dir aber eine Frankfurter geben!"

Assim verzichtet dankend.

Sie verlässt das Cockpit und er wendet sich mir kopfschüttelnd grinsend zu: „Scho amol mit dr Frankfurter Spaß kett"

(„Schon einmal mit der Frankfurter Spaß gehabt") Um nicht den falschen Eindruck zu erwecken. Assim war ein gebildeter, schlagfertiger Kollege voll herzerfrischendem Gnitz, der Dinge punktgenau zu entlarven wusste und der aber mit Winkelzügen und Charaden nicht umzugehen wusste.

Es tat mir auch sehr leid, als wir uns aus den Augen verloren, nachdem er sich später bei Air Berlin zum Upgrade Captain beworben hatte und er schlussendlich als Captain dort kündigte.

In einem späteren Telefonat offenbarte er mir, noch nie so gedemütigt worden zu sein, als bei seinem Wechsel von DBA zu AB mit Umschulung zum Captain.

Er begann bei einer Executive Airline in München und wir haben selten, seltener, seltenst, nichts mehr voneinander gehört.

Das ist übrigens die asoziale Komponente dieses Jobs. Man kennt sich und hat nur Kontakt, so lange man gemeinsam fliegt. Jede soziale, auch potentielle freundschaftliche Beziehungen gehen meist vor die Hunde, lassen sich Dienstpläne und Anspruch der Familie und zu Erledigendes kaum längerfristig harmonisieren

Aber das ist eine andere Geschichte.

Einer der Kollegen, die den Alltag mit „FARBE" versahen, er ist mittlerweile verstorben, war Gery B. Mit ihm verband mich ein Teil meiner Pilotenhistorie von Beginn an. Kennengelernt hatten wir uns bereits während der Berufs-Ausbildung zum Pilot und auch bei den Prüfungen für die Pilotenlizenz nahmen wir beim LBA (Luftfahrtbundesamt) gemeinsam Teil. Er war einer der Schöngeister, die über mannigfache Themen reden konnten, die aber gleichzeitig eine tragische Biographie ihr eigen nannten, dergestalt, dass sie jedes Fettnäpfchen auf ihrem Lebensweg fanden, selbst wenn sie dafür rückwärts gehen mussten und die unter den Kollegen das absolute Alleinstellungsmerkmal besaßen, mit ihrer Geschichte für allgemeine Erheiterung zu sorgen. Gery kam ebenfalls unter die Räder der Boeing-Umschulung und flog bis zum Ende seiner fliegerischen Laufbahn wieder als Copilot. Ich weiß vieles ihn bezüglich aus erster Hand, was er erzählte und was ich mit ihm erleben durfte. Er war im ersten Leben, wie auch ich Lehrer gewesen, hatte alsdann vergleichbar seinen Traum vom Fliegen realisiert und mit viel Herzblut und Enttäuschungen gelebt. Manchmal hätte man meinen können, er sei der Blitzableiter des Schicksals aller anderen gewesen und er war aufrichtig und gutgläubig, etwas weltfremd so zu sagen. Wenn irgend etwas doof lief in einem Leben, Gery war dabei! Gery hat in der Anleger-Hype aller, die an der Börse reich werden wollten vor den großen Turbulenzen seine private Altersvorsorge „verheizt", vermutlich hatte er einen Berater, der sein „Potential" für den eigenen Vorteil sofort erkannte blindlings vertraut. Er hatte eine asiatische Lebensgefährtin, die ihm das restliche

Ersparte kostete. Wenn Gery ein Schnäppchen machte, so schnappte es nach ihm. So gab es eine Mietwagenfirma mit Sitz in Frankfurt mit dem Angebot für Piloten für 17 DM einen Kleinstwagen ohne KM-Begrenzung zu vermieten. Er freute sich, fuhr nach München zum Dienst und erhielt auf der Abrechnung die One Way „Ohrfeige" von 100 DM extra, so man das Auto an einer anderen als der Abholstation zurückgibt. Gehörte wohl zum Kleinstgedruckten? Er trug es mit Fassung. Gery ging dienstlich ins Hotel und erfuhr, dass seine Kreditkarte ausgereizt war. Was war geschehen? Ein Etablissement in Stuttgart hatte 4000 DM abgebucht, ob er dort war werde ich nie erfahren, er war aber pleite und wohl naiv über den Tisch gezogen worden. Gery war immer am Erledigen und häufig bat er im Turnaround das Flugzeug für ein Telefonat verlassen zu dürfen. Wenn die Gäste dann bereits saßen, wer war spurlos verschwunden? Gery! Schließlich kam er abgehetzt zum Flieger, nahm Platz und los ging`s. Man konnte ihm nicht böse sein mit den etwas gichtigen Fingern und der Schuppenflechte im Nacken. Gery nimmt auf dem Pilotensitz platz, der Gesäßtaschenknopf findet den Weg zum Schultergurt, der zuvor unabsichtlich mit dem Knie arretiert wurde und ratsch gibt es eine Triangel im Stoff. Oder noch besser. Flugzeugübernahme, Schichtwechsel. Gery macht den Außencheck und kehrt zurück. Seinen Flugkoffer hatte er zuvor kurzerhand in Reihe eins auf den Sitz gestellt, um Zeit zu sparen. Jetzt hatte ihn wohl das Putzpersonal ins Hatrack gelegt. Gery wird bleich und ruft etwas ungehalten welcher Hirni das getan habe? Niemand meldet sich und Gery zeigt den Grund seines Zorns.

Er hatte einen angefangenen Orangensaft unverschlossen, stehend darin aufbewahrt. Den erheiternden Rest können sie sich ja denken. Er war der Stan Laurel unseres Alltags und eine geht noch. Bei Peter F., einem alten Kollegen und Checker, ich weiß es von ihm selbst, trug sich folgendes während einer Simulatorsession zu. Peter war wohl etwas ungehalten ob des Zeitdrucks, sagte im Check wohl gut gemeint so etwas wie: „nun aber mal nicht so lahmarschig, Jungs", worauf hin Gery innehielt, sich mühsam umdrehte und sagte: „Nicht in diesem Ton, Peter", eben ein Schöngeist. Allerdings Fliegen konnte er. Ich erinner mich gerne an diese Originale, die eine gewisse Farbe in das Routinegrau des Alltags brachten. Diesen Kollegen verdankte man eine Art von zwischenmenschlicher Nähe auf Augenhöhe. Für diese Kollegen gab es auch noch mehr, als Luftfahrt es war eine Art kritische Distanz zur eigenen Rolle und der damit verbundenen Selbstwahrnehmung. M.a.W. mit Ihnen konnte man zum Essen gehen und das Thema landete nicht automatisch bei der Luftfahrt.

Es gab die nur am Fliegen interessierten, wie Hugo K. Den ex Militär, der jedem Videos zeigen musste von seinem heldenhaften Phantom Überflug am BaseTower. Als ich mich bei all den dazu vorgetragenen Geschichten auf die flapsige Bemerkung einließ: "Für den Irak sei die Einsatzbereitschaft der Helden in Friedenszeiten eher zurückhaltend gewesen,

(was ich persönlich richtig empfand) führte dies zu einem raschen kollegialen Abkühlen.

Ein kleiner Exkurs sei mir an dieser Stelle erlaubt. Es gab viele Kollegen und Kolleginnen in den 30 Jahren meiner Fliegerlaufbahn. Warum blieben manche in einem eher unauffälligen Alltag mehr, manche weniger in Erinnerung. Ich weiß es nicht, möchte Ihnen aber noch einige weitere kurz vorstellen, um ihnen gerecht zu werden oder sie „unvergesslich", welch großes Wort, zu erhalten. Wie das geht, ich zeige es Ihnen. In meiner Schulzeit erzählte einmal der Englischlehrer von einer Radtour im Herbst, wo er vor sich am Boden ein Ahornblatt in der Sonne golden glänzend liegen sah und er fragte sich, ob er es wohl je vergessen würde? Wissen Sie, wer sich beim 40Jährigen Klassentreffen immer noch an dies Ahornblatt meines Lehrers, welches ich nie gesehen hatte erinnerte? Wer wohl, ich!

Meine „Ahornblätter", Golden und Verdorrt sind:

Rosel M.   Die gute Fee und ex Schönheitskönigin in Friedrichshafen OPS, die immer guteWünsche für den Anflug funkte und bei der man flachste, sie würde auch bei brennenden Triebwerken im Absturz noch ein freundliches „Bis Gleich" übermitteln

Gaby.L   Chefstewardess und mit einem Händchen für Cabin und Servicekonzept

Margot W.   Die Vorgängerin ohne Ironie-verständnis, die MS bekam

Renate L.	Copilotin, die heute in Österreich charmant Wohnungen einrichtet und der ich den Café-Baileys verdanke.
Herr G.	Der als Ops Chef Delta Air die meisten Titel auf seiner Business-Card hatte.
Peter Z.	C/P „Lustig", der kurze Zeit nach dem Tod seiner Frau auf der Autobahn tödlich „verunglückte"
Brigitte H.A.	Mit Mann A. Ehepaar Pilot/Stewardess und PV Kollegen
Hannelore G.	Verwaltung Delta mit dem Herzen am richtigen Fleck
Sylvia S.	Die Sekretärin mit Menschenkenntnis
Gabi P.	Kapitänin, die kein Sorgerecht wollte
Constance K.	Der Vamp, aber nicht mein Geschmack

Kirsten B.	Wo Papa mal eben so die Unfallautos ersetzte.
Stephanie S.	Mit der Makeupmaske und dauernd auf der Suche nach dem Italiener ihrer Träume
Barbara R.	Copilotin mit schwerem Schicksal aber ungebrochen.

All dies nur Spuren aus der Vergangenheit aber Katalysatoren für Erinnerungen. Was auffallend ist, es sind nahezu allesamt Kollegen und Kolleginnen und Kabinenpersonal und Menschen aus der Verwaltung, die man noch intensiv kannte. Beinahe alle aus den 80-90igern, wo die Arbeit auch erlaubte, freie Zeit, sei es auch nur der After Landing mit Orangensaft und Crackern, mit dem gegenseitigen Kennenlernen auch außerhalb der Arbeit zuzubringen. Heute ist der Job nach der letzten Landung und der Busfahrt zum CrewRaum beendet und jeder geht müde seiner Wege, geschweige denn lebt man ja auch in Zeiten wo Resteverbrauch und Cracker vom Flieger einen potentiellen Kündigungsgrund darstellen. Die Business Girls und Boys aus den Führungsetagen kapieren es nicht oder es ist ihnen wurscht, was dieser kleine „Bonus" für den Zusammenhalt und das notwendige Engagement für eine Firma bedeutet. Es ist ein unterschied ob gemütsleere Zombies durch die heiligen Hallen wanken oder agile Traceure mit einem gemeinsamen Ziel vor Augen. Wie soll das über längere Zeit gut gehen? Management wird selbst mit negativer Erfolgsbilanz belohnt mit dem Argument:" es hat sich ja nichts all zu sehr verschlechtert, Arbeitnehmer erhalten dem gegenüber zusätzlich die Leistungspeitsche und Gehaltsverzichtsstrafe obwohl bereits unter Höchstleistung ohne verlässlichen Anreiz oder zumindest den Goody (Cracker&Soziales) im Alltag?.

Bei den schimmeligen welken Ahornblättern sind die Kollegen, die man in der Karriere sich wandeln sieht, die unauthentischen Rollenspieler, deren wahres Gesicht mit dem Aufstieg sichtbar wird. Es ist dies die Metamorphose vom Kollegen zu Chefschließmuskel.

Der Weg von „der Untertan" (Heinrich Mann) in Natura zum Miterleben. Plötzlich verstehen sich Kollegen in der Größe der Aufgabe nur mehr als Potentaten. Captain, FBL, Flottenchef und andere klangvolle Titel pflegen das Ego.

Die eigene Persönlichkeit, so sie es denn je eine gab, ist nicht mehr zu erkennen.

Aber das ist eine andere aber nicht neue Geschichte.

Die Jahre vergingen und eigentlich war man mit der gegenwärtigen Situation ganz gut arrangiert.

Es wurden ganz reizvolle Ziele angeflogen in und um das Mittelmeer am Wochenende, innerdeutsch ptp (point to point) pünktlich unter der Woche. Die Flotte hatte sich allerdings etwas gewandelt. War die Flotte 737 zu Beginn der DBA mittelalt und bei der Übergabe an Wöhrl fast eine der jüngsten, so wurde sie nunmehr zur beinahe ältesten in Europa zum Wohle der Leasingraten. Man soll eben ein Unternehmen vor dem Reibach in guten Büchern wissen. 737 mit 68-70.000 Flugstunden hielten Einzug. Was man in der 3.Welt aussortierte, wir flogen es. Die Airconditioning mancher Boeings roch bislang derart brackig, dass man ob des anzunehmenden Pilzaufkommens in den Ducts (Verteilerrohre) Angst bekommen gekonnt hätte. Die Instrumentierung war ein Gemischtwarenladen von Instrumenten aller Flugzeugfriedhöfe dieser Welt. Hauptsache die Lackierung ist neu und die durchgesessenen Sitze aus Leder, dann merkt der naive Passagier eh nix! Im Cockpit sieht es aus wie nach einem Krümelbankett und an ein Gespräch mit der Technik erinnere ich mich noch. Könntet ihr mal den Sitzbezug waschen, da sind wohl einige Körperflüssigkeiten und Kaffee miteinander ausgelaufen? „Nö, die Bezüge sind auf Lebenszeit und werden nicht gewaschen sondern nach Verschleiß, wenn unbenutzbar, erneuert." Diesbezüglich fällt mir noch einiges zur noblen Luftfahrt ein. Wenn die Reisenden beim Aussteigen ihre Kotztüten der Purserin oder den Cabin-Kollegen frisch und warm in die Hand drücken. Wenn Kotztüten in „die

Sitztasche vor ihnen" entsorgt werden, wo sie ihr Bordmagazin entnehmen oder Bordkarten entnommen haben. Wenn „unbedarfte" Reisende ihr Kaugummi irgendwo auf dem Sitz liegen lassen. Auch stellte ich mir mal zu einem späteren Zeitpunkt, Air Berlin war in der„Kostensenkungsbilligstleasingphase" die Frage woher denn wohl die „Allet Schick" Fliejer kommen? Siehe da von China Eastern und Spring Airlines usw. usf. (und so weiter und so fort). Aha, schaust mal, wo die überall waren und siehe da, evtl. schon in Fukushima. Anfrage an den Flugbetrieb ob bei den alten Gurken mal auf radioaktive Kontamination gemessen wurde? Nein, warum? So ging es einige Zeit hin und her und dann Messung eines Flugzeugs an 6 Stellen in 12 Minuten mit einem 300€ Supermarkt-Geigerzähler von dem mir ein Fachvertrieb von 9000€ teuren Kontaminationsmessgeräten sagte, das verwendete Gerät sei nicht wirklich solch einer Problematik gewachsen. Ich verstand nun auch, warum beim Messprotokoll der Name des Messgerätes und dessen Spektrum fehlte. Anhand des nachgefragten Datenblattes (nachgereicht ohne Gerätenennung!!) konnte ich aber aus der Erinnerung und mittels GOOGLE Recherche den Gamma Scout ermitteln, ein Gerät, was Sie außer bei einem Atomkrieg, ruhig schlafen lässt. Ich wollte eigentlich wissen, ob Alpha Strahler (Plutonium o.ä.), Hot Spots und radioaktive Stäube gegenwärtig sind, untersucht wurde aber auf microsievert Gesamtbelastung. Im Übertragenen Sinn maß man die Luftfeuchte, wobei die Größe der Hagelkörner zur Debatte stand. Die Frage, die immer im Raum steht, ist die

Motivation einer Tätigkeit. Will ich etwas finden oder finde ich nichts zu finden findet mehr Anklang. Ist wie bei den Fume („Duft") events mit den giftigen Kabinendämpfen. Ausser sprachlicher Euphemisierung „Duft der großen, weiten Welt", geschieht nichts Wesentliches. Im Gegenteil wird das spezialisierte Labor finanziell ausgehungert, wird Analysezeit (Event bis Labor) „vergeudet", kurz und schlecht, niemand ist an Erkenntnissen zum Aerotoxischen Syndrom seitens Hersteller oder Betreiber interessiert und die Politik politisiert eben.

Aber das ist…...na Sie wissen ja schon!

Dann August 2006, Wöhrl macht Kasse und schwups sind wir bei Air Berlin, kurz danach im Frühjahr 2007 klingelt das Wöhrl'sche Kässchen erneut als die LTU ebenfalls an Air Berlin geht.

Seit Mai 2007 fliegt dann die umlackierte DBA in Air Berlin Lackierung mit dem Zusatz powered by DBA und geplant bis 31.0kt 2008 an dem die volle Integration stattfinden sollte. Was soll's, die Ölkrise kam dazwischen, unwilliges Kabinenpersonal will streiken, Cockpitmitarbeiter wollen geregelte Tarifverträge und Seniorität anerkannt bekommen.

Streit all überall und was tut man, machtbesoffen und allgewaltig als Joachim Hunold? Man entzieht der Tochter alle Flugaufträge und stellt den Flugbetrieb DBA für immer ein. Arbeitsverträge werden ultimativ mit Frist zu unterzeichnen an die Cockpit-Crews versandt und welch Duplizität der Ereignisse? Arbeitnehmerrechte werden ausgehebelt, die Gerichte entscheiden: Kein Betriebsübergang. OK. Man nimmt die Slots, Man fliegt mit dem Personal auf denselben Flugzeugen, man gibt Ihnen Firmenausweise und Uniformen, wir hatten 170 Seiten Argumente gesammelt aber der BÜ ließ sich nicht erstreiten. Also da stand ich nun zum ersten mal vor einem Betriebsübergang ohne Betriebsübergang mit offener Tarifsituation, die Pistole auf die Brust gesetzt, was Arbeitsverträge und Seniorität betraf. Es gab viel hin und her, viel böses Blut wurde zwischen den Mannschaften gesät, aber schlussendlich gab es einen Arbeitsvertrag, bei dem letztlich die Seniorität entscheidungsoffen war. Findige

Winkel (ein scheußlicher Wortstamm)-Advokaten teilten fortan zwischen dienstlicher und sozialer Seniorität, wobei es für uns 135 Piloten nur eine Auslegung, nämlich die der allgemeinen, nicht gesplitteten, Seniorität gab. Ich will hier nicht mit Details der Gewichtung langweilen, interessanter war eine Lektion in Standhaftigkeit, die ich hier erteilt bekam. Ich entsinne mich noch an den Abend, die Arbeitsverträge waren eingetroffen, und wir telefonierten über diese neuerliche „Sauerei" und enragierten uns in die Unbeugsamkeit des Nichtunterzeichnens. Was soll ich sagen? Am nächsten Tag wurden wir, ich meine wir waren 38 Piloten gegrounded (vom Flugdienst suspendiert), der Rest hatte unterschrieben. Darunter auch vollmundige „Wir halten gemeinsam durch" Prediger.

„Nu, so sin die Menschen eben, wa?

Das Grounden (Suspendierung) zog sich über nahezu 6 Monate bei Grundgehalt mit offenem Ende hin und auch wenn der unbedarfte Leser denkt, es sei ja Urlaub gegen Bezahlung!, Nein es ist Dauer-Briefing mit Anwälten und betroffenen Kollegen und Bangen um den Ausgang.

Für die CEO´s sind eben mal 1,5 Mio zum erzwingen ihrer Macht „peanuts"!

Anekdote

Air Berlin hatte gute Anwälte, die den Betriebsübergang und die Senioritätsfrage vor Gericht abblitzen ließen.

Erfolgsverwöhnt erschienen sie nicht einmal mehr in München, als Peter F. (nicht in diesem Ton, sie erinnern sich) um seine Seniorität klagte.

Die Richterin, in ihrer Amtswürde beleidigt gab Peter´s Klage in allen Punkten recht und wir 38 hatten unsere Seniorität im Vertrag zur Unterzeichnung.

Zum Leidwesen der früher unterschriebenen Verträge der „gekippten" Kollegen.

Ich wurde dann im Sommer 2009 noch auf Boeing 737 NG (New Generation) eingesetzt aus München und nahm das Umschulungsangebot für A319-321 mit Base Stuttgart zum Frühjahr 2010 wahr.

Dieses war der 3. Streich und der Letzte folgt sogleich

Sinkflug, Anflug und das Ende mit Schrecken nach dem Schrecken ohne Ende

Im Frühjahr 2010 angekommen auf der Alternative zur Boeing 737classic und NG, dem Airbus 319-321.

Zuvor Theorielehrgang in Essen 14 Tage Lernen,Lernen,Lernen.

Geht ja mit 56 nicht mehr ganz so leicht oder schnell, wie man es gerne hätte.

Trainer Philosophy: Geht alles ganz einfach, macht alles Computer 1-7, betreutes Fliegen. No sweat und all die anderen großen Töne.

Ich sage nur es war viel Stress die Philosophien zu tauschen und beide Systeme haben „Gutes" und „Schlechtes" im Angebot.

Man kann beide nicht direkt vergleichen sondern nur Vorteile im Ergebnis nennen oder Nachteile nach eigener Meinung.

Ich will auch gar nicht in Einzelheiten gehen nur so viel:

Bei absolutem Unwetter wäre mir die Boeing lieber weil sie quasi unverzüglich (Autopilot) reagiert bei schnellerer Engine-Leistungskontrolle! Die Ruder sind manuell direkt ansprechbar. Man verzeihe mir die Laienhafte Umschreibung aber bei Airbus scheint der 1G (Lastvielfaches)-Passagier-Komfort systemisch überbewertet. Und man steuert ihn auch manuell durch den Rechner. M.a.W. Gebe ich an der FCU

(Flight Control Unit) z.B. einen CLB (Steigflug) ein, dann reagiert Boeing „sofort" und Airbus „rechnet" erst mal die Steigparameter aus, um dann ganz sanft den Steigflug zu beginnen. Das „Wetter" aber „will" ggf. eine möglichst rasche Umsetzung der Anweisung.

Bei Boeing ist die Systemlogik geradliniger verständlich.

Beim Airbus sticht der „laissez faire" Gedanke und der ausklappbare Tisch.

Warum aber hinter jeder Sicherung ein Labyrinth an zueinander in Beziehung stehenden, oftmals in deren Verknüpfung logisch diffizil zu erschließender Systeme und deren Parameter verborgen ist, erklärt sich mir nur so, dass man Einzel-System-Logik der ökonomischen kybernetisch möglichen multiplen Kontrolle unterordnete. Das soll heißen: Die Systemlogik mit ihren In- und Outputs mehrerer Kanäle in deren Abhängigkeiten ist im Computer hinterlegt und wird komplex abgearbeitet, die Interdependenz einzelner sich gegenseitig beeinflussender Größen von abhängigen Systemen erfordert aber ein Höchstmaß an System- und Fundstellenkenntnis im FCOM (Flight Crew Operating Manual) „Wenn er funzt ist er schlau, wenn er nicht funzt eine Sau!"

Anm:

Die Handbücher in der Luftfahrt sind auf Steinzeitniveau, was die Aufbereitung der Information angeht. Dies bezieht sich einerseits auf die graphisch, rudimentäre Darstellung von

Systemen, deren Komponenten und deren Zusammenarbeit und systemischer Abhängigkeit voneinander einerseits, sowie auf völlig veraltete Formen von Schlagwortregistern mit akribisch genau erforderter Suchbegriffseingabe.

Was heißt das?

Wir hätten heute die Möglichkeit 3-dimensionaler farbiger, animierter Flussdiagramme mit Touchscreen-Interaktion und Darstellungen in verschieden tiefen Ebenen, wie es in der VR (virtual Reality) alltag ist. Bei Airbus (auch Boeing) erhalten sie jedoch ein Arbeitsmittel zum Stückpreis von beginnend 75 Millionen Euro mit einer Blaupausendokumentation, die selektiv scheinbar direkt aus der Entwicklungsabteilung „abkopiert" wurde und mit „Tonnen" an Information versehen, Ihnen zur Verfügung gestellt wird. Die Suchfunktion alsdann erfordert schließlich die exakte begriffliche Eingabe, sonst lesen Sie :"No Matches Found" bzw. „More than 100 results",die Ihnen aber nicht angezeigt werden, was zu keiner hilfreichen Problemlösung beiträgt. Glauben Sie mir, dass das Suchen von Informationen zum Lösen eines nicht alltäglichen Problems in der Dokumentation oftmals mehr Zeit als zu dessen eigentlicher Lösung beansprucht. Das erklärt sich aus der Unübersichtlichkeit der nicht anwenderfreundlich aufbereiteten Benutzerhandbücher. Diese werden vermutlich nach 3 Maximen zur Verfügung gestellt:

1. Es muss jegliche operationelle und technische Information irgendwo enthalten sein, um die Crew rechtlich in der

Verantwortung zu belassen, wenn es um allfällige Schuld und schadensrechtliche Sachverhalte geht: „Menschliches Versagen", das Zauberwort für Versicherungen und Hersteller

2. Statt anwenderfreundliche, jedoch potentiell fehlerbehaftete zeitgemäße Aufbereitung der Betriebsinformation belässt man es bei Konstruktions- und Flugingenieurkopien mit völlig überfrachteter erläuternder Textur.

3. Wir haben den Flugingenieur wegrationalisiert, muten den Piloten allerdings dessen Funktion zu, mit dem Argument seine Aufgaben automatisiert zu haben.

Es ist ein schlechter Witz, dass sie in verwiesenen Textpassagen in digitalisierten original Handbüchern zur Verwendung auf dienstlichen Computern oder Pads nahezu keine Textlinks mit Sprungfunktion vorfinden die Ihnen die Verfolgung des Pfades der „Erkenntnis" erleichtern.

Hier geht es zu, wie in der Steinzeit der Ära Dos 5.0, maximal Win95. Die Möglichkeiten heutiger Touchscreens, Animationen, Connectivität (WiFi, Bluetooth) heutiger kommunikativer Computertechnologie findet sich bei vom Gebrauch ausgeschlossenen, für den Alltag nicht zulassungsfähigen, am freien Markt erhältlichen Apps und Programmen von Drittanbietern oder engagierten Kollegen, die zumindest das aufzeigen, was technisch anwenderfreundlich möglich wäre, jedoch von den Flugzeugherstellern nicht angeboten wird.

Bp. Sie suchen in den Handbüchern nach einem System, welches einen Fehler meldet: angenommen Engine No.2,Hydraulic Pump, Yellow System. Wir ignorieren einmal das ECAM (Electronic Centralized Aircraft Monitor). Im FCOM sucht man nach dezidierten Begriffen und ECAM Texten in „Checkride" tippt man im digitalisierten Cockpitphoto auf das entsprechend dargestellte fotorealistische Panel beim A320 etc.

Hier machen private Firmen für Simulator Hobbyisten oder für schnelles Refreshen den Job, den man eigentlich vom Hersteller erwartet.

Mittlerweile herrscht auch die Ausnahme als Regel und die Philosophie der dunklen Panel wird durch Dauerausnahmen unterlaufen. BP. Bei einer bestimmten Mindestmenge Treibstoff im Mitteltank müssen Fuel Mode Selector manuell gestellt und die Center Tank Pumpen abgestellt werden was eine überflüssige Treibstoffwarnung unterdrückt aber bei Fahren des Fahrwerks eben einen solchen „abgeschaltet" Hinweis generiert. Oder es gibt OEB`s (Operational Engineering Bulletins), Handlungsanweisungen für mögliche Fehlfunktionen von Systemen aus Erfahrung aus aktuellem Anlaß. Diese Ausnahmen und oftmals Seriennummern bezogene Sonderinstruktionen unterlaufen das entspannte Betriebskonzept deutlich, da sich hierunter auch, wie in der jüngeren Vergangenheit, sehr sensible Systeme, wie für sie z.B. für die Geschwindigkeitsinformation nötig sind, befinden. Beim Absturz der Air France 447 saßen keine Laien am Sidestick! Aber gewohntes Statement: menschliches Versagen, eben.

Dennoch, was die Arbeitsentlastung angeht hat AirBus die Nase vorn, wenn denn alles läuft! Bei Boeing ist die Arbeitslast höher, wie ich erinnere, die Dokumentation ähnlich bescheiden und die Zuweisung von Verantwortung vergleichbar. Wie schon gesagt, die Hersteller schenken sich nichts, zumindest bei meinen Serien B737 und A320!

Aber wir wollen hier kein Rating erwerben, wir wollen ja über den Flops um den Beruf Pilot reden.

Begeben wir uns nun nach Zürich zur Simulatorausbildung bei Swiss durch LTU Trainer.

Die Trainingsessions, wie üblich, des nachts ab 2300 Uhr oder früh gegen 0130 Uhr. Alles in Zürich und ganz „entspannt". Dies „entspannt" umschreibt eigentlich nur die Check freie, aber doch recht ermüdende Phase der Umschulung und ist so eine in Pilotenkreisen genutzte Floskel, um sich in einer ungewissen Phase gegenseitig Mut zu machen. Das Hotel war genau unter der Abflugschneise von Zürich-Kloten Piste 16. Tägliche Abflugrunway für den A380, der einen mit Schlafmaske und Ohrstöpseln dahindämmernd, erschöpft von der Nacht, wo man gegen 6 oder 7 Uhr ins Hotel zurückgekehrt war, um 1200Uhr ins Leben zurück holte. Duschen, Anziehen, Kaffee auf dem Zimmer, Lernen.

Dies ganze Programm dann ca. 10 Tage lang. Dann kommt die Familie zu Besuch und nimmt einen in die Arme und nach bestandenem Check mit nach Hause. Man gönnt sich allerdings noch 2x Currywurst auf dem Budenmarkt am See und 2 Softdrinks für 18 Schweizer Franken. Qualität koscht halt ebs!

Dann folgt die Heimfahrt, das Waschen der Wäsche und der Dienstplan mit ACM Flügen (Aditional Crew Member, Mitflug als Beobachter) und schließlich mit Lizenzeintrag die Supervisionflüge. (Einweisungsflüge)

Man übt im und für den Alltag das neue Muster und beantwortet so nebenbei mal mehr, mal weniger Fragen des Supervisors. Auch hier zwei Varianten.

A. Man fliegt mit einem Supervisor, der fordernd eine andauernde Phase der Anspannung erzeugt oder

B. Man fliegt mit einem Supervisor, der fördernd eine entspannte Phase des vermittelnden Zuerwerbs von Kenntnissen ermöglicht.

Wie auch immer, alles endet oder beginnt schließlich mit dem:

Final Check!

Und los geht's von bzw. mit Neuem. Das neue Muster im alltäglichen Einsatz. Umsetzen von Theorie in Alltagsroutine. Lernen am Objekt im Alltagsstress von erwarteter Sicherheit zu geforderter Pünktlichkeit.

Machen wir uns nichts vor. In dieser Phase kennt ihr Copilot das Flugzeug besser als sie und es gibt auch da sachorientierte Unterstützer oder selbstgefällige Besserwisser. Dass in dieser heiklen Phase voller gelernter praktischer Unwissenheit des öfteren ein Cockpit von zwei „Novizen" quasi als „Dumm-Dumm-Geschoss" unterwegs ist, weil sich die Airline beim Pairing (Zusammenstellung) der Crews nicht zur Kombination „Erfahren" fliegt mit „Newcomer" in der Lage sieht, war für mich ein ewiges Rätsel. Ich vertrat immer die Meinung: Nach dem Type-Rating kann man ein Flugzeug fliegen, nach 1000 h kennt man es und nach 1500h gibt es fast keine Geheimnisse mehr. Ab dann wird man erfahren, bis dahin ist man je nach

Erlebtem und je nach Jahreszeit versiert. Bei 1500 h liegen 2 Sommer, 2 Winter und jede Menge Kontakte mit der Maintenance hinter dem Crewmitglied und viele alltägliche „Kinken" gehören zum Déja Vue des Flugzeugmusters und viel Zeit wurde im Nachgang eines Problems mit erhellender Lektüre verbracht.

Aber das ist eine andere Geschichte.

Bevor ich zum „Abgesang" der Air Berlin komme noch ein paar Erinnerungen, die ich chronologisch wahllos berichten möchte und die einfach die „Türe" zum Cockpit öffnen sollen. Sehen Sie sich das strategische Chaos eben selbst an oder erfreuen Sie sich an der einen oder anderen Anekdote, wie z.B.dieser:

Anekdote

In Txl (Berlin Tegel) gab es diverse Controller mit sehr individuellen Ausprägungen. Bei den Damen gab es eine mit amerikanischen Slang, die ein genuscheltes Redetempo vorlegte, dass es einem schwer fiel dem Inhalt der Freigaben zu folgen und das eine gewisse selbstverliebte Performance demonstrierte und es gab da Gabi, die in einer Art Flüsterton Ihren Funkverkehr abwickelte. Dies war eigentlich allen Piloten bekannt und es hatte etwas einvernehmlich toleriertes Erotisches an sich. Also kommt eine Maschine aus der Schweiz in den Berliner Luftraum, um von Gabi empfangen zu werden. Beim dritten Funkverkehr, dann der „dumme" Satz des Kollegen:"Daaas ischt jo wie Telefonsex hier". Damit hatte er sich komplett den Tag versaut, denn Gabi explodierte und schrieb eine Meldung, was dann wieder einer eigenen Antwort bedarf usw. usf.

Nichts desto trotz sind es eigentlich diese kleinen „Lächel-Geschichten", die noch etwas Farbe in diesen tristen Alltag bringen.

Oder die Erinnerungen an wenig amüsanten Stress, wie der auf dem Flug Stuttgart-Kos, bei dem ich einen Freund auf dem Jumpseat mitnahm und wir über Croatien flogen und das Warning System Druckverlust in der Kabine meldete. Streng nach Vorschrift trugen wir die Masken und ersuchten nach niedrigerer Flughöhe, um die Kabine drucktechnisch „einzufangen". Wir waren zuvor im Gewitter unterwegs gewesen und hatten nun gerade mit der 737 die Tops (Wolkenobergrenze) erreicht, um wieder sinken zu müssen. Der Controller, morgenmüde, brauchte mehrere Aufforderungen via Funk, um unsere Bitte nach Sinken zu genehmigen, was bei rasch anwachsender Arbeitsbelastung und rascher Parameterkalkulation ein übriges zum Stress beiträgt. So muss der niedrig fliegend höhere Treibstoffverbrauch zum Ziel neu kalkuliert werden etc.pp.

Ich will hier nicht mit den Entscheidungen en Detail langweilen, dafür, für Unerwartetes, wird man ja bezahlt, nur Stress bleibt es trotzdem und der akkumuliert Müdigkeit nach dem Wecker um 0400Uhr morgens. Wir kamen nach Kos mit null Extra-Fuel (der Reserve-Treibstoff zusätzlich über allen vorgeschriebenen Pflichtmengen), nicht zu verwechseln mit dem Minimum required Fuel (den gesetzlichen Minimum-Mengen) und die Passagiere hatten nichts bemerkt, da unser Sinken, nachdem die Kabine sich stabilisiert hatte von uns gestoppt wurde.

Allerdings hatte diese Aktion einen höheren Treibstoffverbrauch zur Folge gehabt, wobei wir wieder bei den „Empfehlungen" der Kaufleute angekommen sind.

Was war geschehen? Beim Öffnen der hinteren Kabinentür, um die Urlauber aussteigen zu lassen, berichtete die Cabincrew von Eisbrocken, die zu Boden fielen. Vermutlich war eine Dichtung der Türe nicht ganz anliegend gewesen und beim Steigflug durch das nicht umfliegbare Wettergeschehen hat Wasser einen Kriechweg dorthin gefunden. Mit zunehmender Höhe und abnehmender Außentemperatur wurde aus dem Wasser Eis, welches die Dichtung anhob und den Druckverlust erklären könnte. Die Mechaniker fanden auch keine andere mögliche Ursache und wir machten uns ohne weitere Probleme auf den Rückweg. Alexander S. War ein versierter F/O gewesen und mein Freund hatte einen „Aufreger" zum Erzählen.

Alle zufrieden.

Der Stress mit dem Wetter sollte nicht unterschätzt werden und wächst mit den Klima geänderten höheren Wetterobergrenzen.

Dazu eine laienhafter Gedanke zur alternative für Alternative!

Ausschlaggebend war ein Satz meines nachdenklichen Vaters, der an der Uni Karlsruhe am Physikalischen Institut die Elektronikwerkstatt leitete und der meinte: „Keiner denkt darüber nach, was geschieht, wenn man der Atmosphäre über den Wind Milliarden Kilowatt an Energie entzieht. Ich spinne dann mal los Papa. Windräder verlangsamen den Windfluss, dadurch hat langsamer fließende Luft mehr Zeit thermische Energie über von der Sommersonne bestrahlten und damit erhitzten Bodenflächen aufzunehmen. Dadurch findet ein schnelles und höheres Aufsteigen der Warmluft mit größerer Steighöhe auch nach Kondensation bei Abkühlung statt, um sich alsdann mittels heftigerem Wettergeschehen zu entladen. Ich habe auch subjektiv die Beobachtung gemacht, dass während der letzten ca. 15 Jahre das aktive relevante Wettergeschehen um 3-4000 Fuß angestiegen ist. Mein Resumée: Gute Ideen müssen nicht nur Gutes bewirken.

Manchen Parteien und Individuen einer Gesellschaft ist das aber nicht zu vermitteln? Davon zeugt ja auch der Euphemismus „erneuerbare Energie". Die gibt es nach unserem physikalischen Verständnis, wie postuliert, überhaupt nicht. Energie geht nicht verloren, Sie ändert nur ihren Zustand!

Leid Tragende sind zumeist jedoch andere Mitmenschen, denen Straßen und Keller volllaufen oder Piloten, die unter immer widrigerem aktiven Wettergeschehen leiden. Immer öfter muss man durch das Nadelöhr von Wetter- und Windgegebenheiten, die zum einen neuerlich ungezügelten Natur geschuldet sind und denen zum anderen mit üppigen Sicherheitsaufschlägen zu beachtende Luftfahrzeug-Betriebsparameter gegenüber stehen.

Ein Beispiel: Flug von Tegel nach Rom mit Schlechtwetterprognose. Also 2Tonnen Extra dabei für nahezu 1 Stunde über den vorgeschriebenen Reserven gemäß Flugplan mit weitest entferntem Ausweichflughafen kalkuliert. Alles unauffällig bis Alpensüdseite und in der Nähe von Rom. Sinkflug und überall rote Gewitterechos auf dem Radar. Der Funkverkehr unerträglich, da fast jeder Airliner Vektoren (Flugrichtungen) erbittet, um dem Wetter aus dem Weg zu gehen. Hier kommt eine Besonderheit der italienischen Flugverkehrskontrollstellen misslich zum tragen. Die Controller warten nach ihrer Kommunikation nicht auf die Antwort der Gegenseite (LFZ) und reden einfach mit dem nächsten Kollegen, um im Anschluss eine Bestätigung der nochmals übermittelten Anweisung anzufordern. Auf diese Weise sind 2 Kontaktaufnahmen für eine Instruktion erforderlich, was die Frequenzverfügbarkeit sinnlos halbiert und stetige hohe Aufmerksamkeit notwendig macht. In dieser Situation: schlechtestes Gewitterwetter, voller Luftraum, alle Alternates in der Schlechtwetterzone schwierig bzw. vorübergehend geschlossen nicht anfliegbar kam, was kommen musste: Der Controller war nahezu im eigenen Chaos unerreichbar und schwieg. Just in dem Moment fragte eine irisches Cockpit um die Freigabe nach Ciampino , was der Controller ablehnte, woraus sofort „Mayday Fuel" (Notsituation mangels Treibstoff) seitens der Maschine declared (erklärt) wurde. Ich schaute den Kollegen an und sagte: „toll jetzt verbraucht der A...ch unser Extra (Fuel). Warum der drastische Ausdruck. Der Kollege hatte wohl wieder einmal Minimum getankt, wie von der rigorosen Geschäftsleitung empfehlend eingefordert und man hatte sich dem wohl gebeugt. Klappt ja immer. In Konsequenz hat dies LFZ dann jegliche Priorität vor allen anderen, die nunmehr durch Verzögerungen ihre Reserven aufbrauchen müssen. Sie werden sagen, dafür sind die ja auch da. Das sagen Sie nur, so lange sie nicht selbst an Bord sitzen. Sie wissen doch: am

Boden ist der Sprit teuer, in der Luft unbezahlbar und zuviel hat man nur dabei, wenn das Flugzeug brennt!

Für uns bedeutete das nunmehr, mit viel Stress in widrigsten Turbulenzen einen Anflug aus der „falschen" Windrichtung zu akzeptieren der letztlich in Bodennähe mit grenzwertiger Rückenwindkomponente zu Ende gebracht wurde. Ein GoAround hätte mehr Unwägbarkeit mit sich gebracht und wir waren froh in strömenden Regen am Boden zu rollen. Auf die Abfertigung mussten wir schließlich 45Minuten warten, bis die Blitzaktivität nachgelassen hatte.

Diese Risiken werden zunehmen, da die kommerzielle Luftfahrt stetig höhere Renditen erwirtschaften soll. Bei der kriegerischen Übernahme der Air Berlin durch die LH durfte sich das oberste Management der Anerkennung der Heuschrecken sicher sein und die Sonne strahlte aus dem Rektum. Ich gab aber schon letztes Jahr zu bedenken, dass die „Märkte" und Gierigen in Folge mehr haben wollen. Die Logik ist nicht 10% mehr in 2017, dafür weniger in 2018, nein, da müssen 12% her? Da kann auch Carsten nur verlieren und er muss neue Freunde finden.

Wenn allerdings Konkurrenten auf Augenhöhe antreten, und alle „Kleinen" geschluckt sind, dann lässt sich nur noch beim Leasing, Catering, der Maintenance und den eigenen Mitarbeitern sparen. Letzteres wird mittels „Tochterunternehmen" erreicht. Hier rächt sich zukünftig für die Cockpit-Mitarbeiter ihre nicht gelebte Solidarität nach dem St.Florian-Prinzip mit schlaf Kindlein schlaf-Komponente.

In dieses Druckszenario zur Renditesteigerung passt auch der geschilderte Anflug auf Brüssel, wo LH abbrach wegen Gewitter mit Boden-Böen um 60 Knoten, wir gingen ohne Versuch in die Warteschleife bis zur Wetterbesserung und der Ire landete, wohl eher aus „Sparsamkeits-Gründen"

Sukzessive wird der „ökonomische" Druck erhöht und viele Crews beugen sich verbal aufrecht gehend diesem Risikofaktor oder den vorgeschobenen Umweltgedanken als Rechtfertigung von riskanten Entscheidungen.

Aber das ist eine andere Geschichte

Ich hoffe, dass es mir gelingt, die negativen Seiten dieses Berufes deutlich zu machen.

Bei all den Zeitverknappungen im Turnaround zwischen Landung, Rollen, Parken, Aus-und Einsteigen, Tanken, Entladen, Zuladen, Flug vorbereiten, Außen checken, Essen, Pinkeln gehen und Fragen an und für Jedermann beantworten, unter dem Dauerdruck einer inkompetenten oder knallhart agierenden Geschäftsführung mit Litanei eines bevorstehenden Untergangs unter maximaler Kraftabschöpfung der Belegschaft, fällt es schwer eine ehemalig vorhandene Romantik zu entdecken.

So ist unter diesem Druck schwer zu dulden, dass bei einer 9000 Mann/Frau/ Belegschaft 4500 „Esel"- Frontkämpfer von derselben Anzahl „Reiter" verwaltet werden mussten ungerechnet von Außen zugekaufter Dienstleistungen (Taxi, Mietwagen, Hotelshuttle, Cleaning, Catering) und vieles mehr. Endlose Besprechungen der Teams halten von der eigentlichen Arbeit ab und führen zu einer „Herr Lehrer ich weiß auch noch etwas" generierten Datenflut für Verwaltung und fliegendes Personal. Memo über Memo von wichtigen Abteilungen, die glauben dass man täglich zigfach auflaufende Informationen liest, wie einen Vertrag. Das ist nicht zu schaffen und sorgt irgendwann für die gelangweilte frustrierte Einstellung nach dem Motto: „gibt´s was Wichtiges heute"? Allein dieser Satz deutet auf ein enormes Einsparpotential hin. Den sparsamen Upload relevanter Neuigkeiten. Aber das ist die Frage der Verantwortung von Informationsinhalten, die kein kleines Management-Lichtlein zu übernehmen wagt. Die Ängstlichen nicht-Aussortierer („Ich könnte ja im Info Müll etwas fundamentales Übersehen haben") sind die Totengräber der menschlichen Arbeitskraft. Weniger wäre da mehr: No Notice, No Bulletin, No daily unsorted Revision uvm. Entlastung der Frontkämpfer, und Optimierung aller Möglichkeiten für Suche und Nachschau auf den Computern wäre schon ein Ansatz. Was meinen Sie, wie nervig der Satz ist: „Eigentlich eine gute Idee, aber momentan…., in der gegenwärtigen Situation….,mal sehen, was wir damit anfangen…?" Der Schlimmste ist „…in der gegenwärtigen Situation…" Darin befindet man sich immer und die kann man ja nicht ändern ohne sich auf Neues einzulassen. Ein Paradox schreibt Stagnation vor. Und da ist es wurscht ob ein Herr Mehdorn, Prock-Schauer, Pichler oder Winkelmann und wie sie alle hießen irgendeine Motivationsblase ins Comic schreibt, es wird nur fabuliert und nicht agiert, eher werden Mahner ignoriert und diffamiert. Beim letzten CEO war der Name Programm und der Auftrag und das Salär wohl eher Prämie? Aber das muss ein jeder für sich entscheiden. Nur nach Pichler wurde viel geändert (Abfertigung, Verwaltung, Service etc.pp) was viel kostspielige „Reibung" erzeugte.

Ich will mich hier nicht an Spekulationen beteiligen, etwas zweifelnd Nachdenkliches bleibt aber schon übrig. „Hot halt a Gschmäckle", sagt der Schwabe. Es stellt sich mir immer wieder die Frage nach dem Aktienmarkt und Börsengang. Geld von Banken hat Laufzeit und Zins gleichbleibend, an der Börse herrscht grenzenlose Gier nach Gewinn. 11.Mai 2006 war der Doom-day für AB`s Börsengang und 2011 hatte

Etihad 29% der Air Berlin übernommen um mit CEO Hogan in der HUB- Welt der Eitelkeiten zu brillieren. Man gibt Aufträge an die Tochterfirmen, übt aber kein Controlling aus.

Ich weiß noch was wir Piloten über die neue Route ab Dezember 2014 von Stuttgart nach AbuDhabi vorhersahen. Neuer A320 mit Winglets (strömungsoptimierten und damit verbrauchsreduzierenden Tragflächenspitzen) aber ohne Zusatztanks. Der Überschlag des benötigten Treibstoffes von uns Long-Range-Laien (Für diese Route wurde LongRange umdefiniert) ergab unter Berücksichtigung der jahreszeitlich vorherrschenden Streckenwinde ein für das Rückflugrouting kaum darstellbares Szenario. Ich darf vorgreifen: wie es denn auch so kam. Der Hinflug (ca.2600 NM) über die Türkei und Persien mit allen Routen und Ausweich-Optionen in die Nähe der Krisenregionen der Welt gestaltete sich meist problemlos. Der Rückflug nächtens darauf geriet allzu häufig zum Glücksspiel. Bei 35 Grad Außentemperatur nachts ließ sich volumentechnisch schon einmal 300KG (2%) Fuel weniger mitnehmen als auf dem Hinflug. Der A320 hat eine bescheidene Leistungsfähigkeit und ist Mach 0.2-0.4 langsamer als die „fetten" Flugzeuge mit der Konsequenz, um den Wide-Body-Verkehr herum gruppiert zu werden. Mangelnde Flughöhe und daraus resultierende späte Abkürzungen kosten Sprit und so musste regelmäßig 50/50 auf dem Flug nach Stuttgart am schwarzen Meer oder Bukarest zwischengelandet und getankt werden, was sich in einer Stunde Verspätung bei der Ankunft in Stuttgart bemerkbar machte und den Gästen, die zuvor mitten in der Nacht gestört worden waren gehörig die Laune verdarb. Auch nahm man manchmal morgens den Flieger von zurückgekehrten Kollegen an, wo der Rest-Sprit ein „commitment to land" erforderte, legal, aber eben kein großer Puffer im Falle eines Falles.

Der langen Rede kurzer Irrsinn: Die Strecke flöge man evtl. heute noch als Air Berlin, hätte man besser den Praktikern , und das in vieler Hinsicht, zugehört

Dazu gehören auch Kosten, die durch neu angeheuerte Subunternehmen verursacht werden, wenn die 400€-Kräfte, schlecht eingelernt, Fehler machten, weil ihnen manches nicht vermittelt wurde während des Ausbildung Crash Courses.

Anekdoten

Benjamin M. F/O,

Ein neuer Ramper für Push und Start in Hamburg, kräftiger Rückenwind. Wir ließen Triebwerk 2„ (rechts) und 1(links) in Folge während des Drückens an, als plötzlich von unten der Call auf Deutsch kam, „Triebwerk 2 brennt" Triebwerk 2 lief bereits, die Außensicht wurde allerdings komplett von starkem Rauch um die Maschine genommen. Also 2stillegen und löschen um dann von unten zu hören: „Ich habe mich geirrt, die 1 brennt. Also auf Nummer Sicher 1 abstellen und löschen. „Attention Crew on Station und Analyse"

Was war geschehen?

Ramper

1 Verwechslung von Triebwerk 1&2

2 Unkenntnis über die Besonderheit eines Tailpipe Fires

3 Falscher Sprachgebrauch „Triebwerk brennt"

(entgegen Tail-Pipe-Fire: dabei verbrennt Restsprit bei langsamer Triebwerksdrehzahl spektakulär mit großer gelblicher Flamme bis sich das Triebwerk strömungstechnisch stabilisiert hat.) Die Situation war bodenseitig sehr unübersichtlich und wir blieben auf der sicheren Seite, um dieses Event in Kurzform zu schildern.

Keine Verletzten, nur Verspätung als Konsequenz und die Kosten für Wartung des Fire Extinguishing Systems.

In der Folgezeit zeigte ich jedem neuen Ramper bei zeitlicher Gelegenheit das Youtube-Filmchen eines Tailpipe Fire mit korrektem wording, (Phraseologie) um dem neuen Personal Dazuzulernen zu ermöglichen.

Der Alltag blieb spannend und in der letzten Phase vor dem Niedergang ging es im Intranet hoch her. Man wollte wieder ans Portemonnaie der Mitarbeiter und versuchte nachhaltig seitens neuer Yuppies im Management die Mitarbeiter zu trennen. So wurde um Vertrauen gefeilscht, mit negativen Konsequenzen irritiert, Intranet-Poster, -innen beeinflusst und versucht eine müde, demotivierte Mannschaft zu manipulieren. Die Mitdenker und Analysten in der Belegschaft in der Phase des inszenierten Untergangs sollten Recht behalten.

Hier eine eigene Analyse zum damaligen Zeitpunkt von mir verfasst, gepostet.

„Werte Kollegen,innen!

Ich stelle nochmal meinen Beitrag vom 07.Juli 17 ein und werde im Nachgang einiges Anmerken, in Klartext, da Ironie manchmal aber nur manchmal ihr Ziel verfehlt!

hallo holger!
was sehen wir, was denken wir?
AB existiert trotz Höchstverschuldung augenscheinlich defizitär agierend weiter am "Tropf" veröffentlichter? Investoren.
AB erwirtschaftet keine Gewinne, wird aber aus sozialem Engagement? weiter betrieben.
CEO folgt auf CEO und kein Konzept greift offenbar in dessen verbal unterschiedener, sachlicher Kreativlosigkeit.
Das Top Management kennt!!! alle Baustellen, scheint aber dennoch wie robotted, autistisch in Trance unbeirrt mit Höchstsalär auf der Lösungssackgasse voranzuschreiten?
alsdann:
Unter positiven Kommentaren wird den Titanic Passagieren und Mannschaft der Untergang (die Abwicklung) als eine hoffnungsfrohe Tauchfahrt ins zu erwartende Licht verkauft.
AirBerlin Aeronautics wird als GmbH nach Deutschem Recht gegründet.(Das Rettungsboot)
In dieses Boot können aber laut Deckoffizier nur Passagiere und Crew ohne überflüssige Habseligkeiten wie Tarifverträge ("so..nst nicht") aufgenommen werden.
Die LH Carpatia kommt vorbei und "rettet" die Schiffbrüchigen mit einem Beiboot (wie war doch gleich der Name?) Eis Warner kurz EW?
Der Seetanker Etihad konvertiert sinnfrei Ölmilliarden zum

Sozialfond AB?
Wo also bleibt der Kapitalismus, Rendite, Revenue?
Sind die Geier zu Tauben geworden?
Wohl nicht?
Also wird profitiert, nur wo?
AB schrumpft sich "gesund"! Wohl eher nicht in einem
Markt in dem man nur ab einer gewissen kritischen Größe
existieren kann?
Also ist es wohl eher die strategische Bedeutung als
Platzhalter (Slotbesitzer) gegen die Konkurrenz in der
Phalanx mit den Alliierten sowie auch ein
Ausgleichsreservoir an Mensch und Material für
Marktschwankungen EW, eine sofort abrufbare
Einsatzreserve bei Problemen mit eigenen
HL-Leuten (Streik LH et). Dabei existiert eine Kaskade aus
Eurowings mit Ausgleichsreservoir AB Dedicated mit
Ausgleichsreservoir AB classic.
D.h. was die Classic erwirtschaftet ist eigentlich wurscht, das
Bild in der Öffentlichkeit auch und von schlechtem Image
AB profitiert in der Gesamtkalkulation ja das
streikgeschädigte LH Image. PR kostet halt Geld!
Insofern ist es völlig egal, wie schlecht die AB performed.
Für diese These spricht auch das absolute Vorrang einräumen
für die EW/LH WetLease-Bedürfnisse.
In einer zweiten Stufe sollen wohl die Verbindlichkeiten
sozialisiert werden, indem Aeronautics entschuldet als Vogel
aus der Asche ‚und das billigst, sich erhebt.
Somit ist mit dem Wort Plan eine vielschichtiges Szenario zu
verstehen, nicht ein eindimensionales Erklärungsmodell.
Wie Etihad indirekt durch LH und Staat entschädigt wird
kann sich der geneigte Leser selbst überlegen. (PMI)
Ob ich Recht habe? Was soll's?
Eins hätt ich allerdings noch als Allgemeinplatz: Verträge
sollten klar formuliert werden,
Ausnahmen ohne Kompensation werden zur Regel (neue

STBY), ein Schulterklopfen, auch verbal in Verhandlungen, macht noch keinen Freund!
In diesem Sinne sind wir bis zum Herumkoffern nicht so weit auseinander!

mit frohem Gruße

Wie ist der Plan, der sich aus den Fakten erschliesst?
Die Phase des firmeneigenen Untergangsszenarios hatte ich erst Ende August, Anfang September erwartet.
Passt aber eigentlich nunmehr zu getroffenen Absprachen, die man öffentlich im Sommerloch schnell durchwinken kann ohne allzu große Welle in der Allgemeinheit zu verursachen.
Man hilft AB, um Reisende zu schützen? Gab's da nicht schon ein diesbezügliches Abkommen unter Airlines nach einem Airlinekollaps?

Worum geht es eigentlich?

A)Man will AB filetieren (Crews,Slots,Hardware)
teils schon passiert
B)Man will die Auffanggesellschaft enttarifieren.
Wird über Angstszenario Arbeitsplatz angestrebt.
C)Man will die Verluste sozialisieren.
teils schon passiert 150 MIO
D)Man will bei LH die Stamm Pilotenschaft entmachten
das werden die neuen Billigtöchter übernehmen
E)Man will Ryanair verhindern
 das läuft über bordeigenen "Insolvenz in Eigenverantwortung" Adjutanten

zu A) Slots PMI und anderswo wurden sicherlich nicht verschenkt

zu B) In der Phase des Untergangsszenarios werden
Rettungs-Forderungen wie folgt gestellt
-Verzicht auf ÜberstundenRegelung (10%)
- Gehaltsverzicht 15-20%
- Maximale Flexibilisierung zu gesetzl. Limits
= 25-30% Einkommensverlust mit Einbuße von zusätzl.
jedweder Lebensqualität
zu C) Merkel, Dobrinth und Schäuble fragen
zu D) Erklärt sich von selbst. Streik ohne Flugausfall ist
lächerlich
zu E) Unter Verbrüderung mit Easy Jet kann man
kartellrechtlich "sauber" bleiben.

Das sind die Umrisse einer Planung, die seit sicherlich fast
einem Jahr finissiert wird.
Was allerdings schwer zu ertragen ist, ist die Dreistigkeit mit
der sonstige linguistische Schweigsamkeit gebrochen wird
und jemand, der sich 4,5 Mio Abwicklungsprämie
bankverbürgen lässt, um Vertrauen nachsucht.

http://www.handelsblatt.com/unternehmen/management/
thomas-winkelmann-ein-frecher-vogel-seite-3/2827062-
3.html

Darüber hinaus sollen Mitarbeiter eines insolventen
Unternehmens bei Servicediensten in Vorlage treten. An
welcher Rang-Stelle von Forderungen steht der MA denn?
(Und das aus Gehalt, wo jeder Cent abgerungen werden
musste?)
Vertrauen, woher soll das kommen, wenn jede Verbesserung
TV,PV versucht wird mittels BV auszuhebeln.
Vertrauen, wenn Compliance mit Füßen getreten wird
(Headhunter mit Off-fly Prämien im Einsatz)
und evtl. Vorteilsnahme. Gott sei Dank haben wir ja den
Pelesys Kurs absolviert, oder den der Nutrition (Nutria oder

Hamsterfressen) zum Alltag ad absurdum führt oder gar Fatigue, ein Fremdwort für CC aber der Kurs ist bestanden.
Hier wird eiskalt, eher Stickstofftemperatur, mit den Ängsten von Menschen gespielt, um alles wieder auf Anfang zu setzen.
Wer, ich frage nochmals WER hat bei solchem Umgang den Mut oder die Naivität
VERTRAUEN einzufordern?
Euer
D.Mindt

P.S. eigentlich wollte ich nicht mehr dazu Schreiben, aber als Linguist blieb mir nichts anderes übrig!

25.08.2018 In der Phase der Betriebsübernahme hatte Hans Albrecht (ehemals aktiv PV-Personalvertretung, VC-im Vorstand Vereinigung Cockpit) einen analytischen Post gesetzt mit der Überschrift:"Der Flugbetrieb der Air Berlin muss aufrechterhalten werden - koste es was es wolle"

In dem er glasklar den Masterplan, der hinter dem ganzen üblen sozialen Verantwortungsgetue stand, dezidiert entlarvte.

25.08.2017

Der Flugbetrieb der Air Berlin muss aufrechterhalten bleiben – koste es, was es wolle!. Denn nicht die Insolvenz ist beabsichtigt, sondern die Sicherung der Filetstücke bei gleichzeitiger Entschuldung des passend zur Ferienzeit gestrauchelten Unternehmens. Allein aus diesem Grund bedient man sich des Konstrukts der Insolvenz in Eigenverwaltung. Die Insolvenz in Eigenverwaltung setzt ein Konzept mit plausibler Zukunftsprognose voraus und kann nicht mal eben aus dem Ärmel geschüttelt werden, und doch wurde ein solches dem Insolvenzgericht noch am Tag des Insolvenzantrags vorgelegt. Auf einmal traut man dem Management, dass den Karren in den Dreck gesetzt hat, zu, diesen wieder herauszuziehen. Doch ohne Moos nichts los und ehe man sich versieht, springt die Bundesregierung mit einem Überbrückungskredit in Höhe von 150 Mio Euro ein – finanziert aus Steuergeldern –und verkündet, sie sei zuversichtlich, das Geld wieder zurückzubekommen. Dabei wird sie sekundiert von Herrn Spohr, der diese Zuversicht teilt. Auf was gründet sich die positive Zukunftsprognose des Insolvenzgerichts; wieso die Großzügigkeit der Bundesregierung (welcher Handwerksbetrieb, der in finanzieller Not geraten ist, hat jemals solche Unterstützung erfahren?); woher die Zuversicht der Lufthansa, dass der Überbrückungskredit zurückbezahlt werde?
Wer die Entwicklungen des vergangenen Jahres bei Air Berlin verfolgt, möchte nicht so recht an Zufälle glauben. Was zur Zeit geschieht, ist nichts weniger als die Restrukturierung der europäischen Luftfahrtlandschaft. Und Lufthansa möchte diese als 'nationaler Champion', unter tatkräftiger Mithilfe der Politik, aktiv mitgestalten. Der Zeitpunkt war von den Hauptakteuren des wahrscheinlich von langer Hand vorbereiteten Coups gut gewählt: Mitten in der Ferienzeit zog Etihad den Stecker bei Air Berlin. Damit hatte die Bundesregierung gegenüber der Öffentlichkeit eine veritable Begründung für die Gewährung des

Überbrückungskredits: Die Verantwortung für Tausende von gestrandeten Urlaubern. Der Zufall will, dass Lufthansa infolge fehlender Kapazitäten nicht imstande sei, so Spohr, die Urlauber mit LH-eigenen Jets in die Heimat zurückzubefördern. Ach ja, die Arbeitsplätze bei Air Berlin wolle die Bundesregierung – so kurz vor der Bundestagswahl - auch retten. Aber dazu kommen wir später. Das Ziel der handelnden Akteure ist es offensichtlich, die Entschuldung der Air Berlin (Insolvenz), ohne die Kontrolle über die Vorgänge zu verlieren (Insolvenz in Eigenverwaltung). Denn nur dann ist aus Sicht der Lufthansa sichergestellt, dass die 38 Jets weiterhin im Wetlease für EW fliegen und der Zugriff auf die wertvollen Slots der Air Berlin in DUS und TXL erhalten bleiben. Das erscheint mir die Antwort auf die vorstehend aufgeworfenen Fragen zu sein. Ohne Hilfe der Air Berlin war es Lufthansa nicht möglich, die EW auf eine kritische Größe zu bringen, um sich am Markt ernstzunehmend zu positionieren. Auch für ihre weiteren Expansionspläne benötigt sie nicht nur Slots, sondern auch Flugzeuge und – notabene –Besatzungen. Und wenn sich die Prognosen über die Entwicklung der Luftfahrt bewahrheiten sollten, wird der Bedarf für Piloten in den kommenden Jahren noch weiter zunehmen. Da gilt es, vorausschauend zu agieren und den eigenen Bedarf zu decken. Nun sind Piloten per se eine widersetzliche Truppe. Da kommt die Insolvenz als Folterwerkzeug zur Disziplinierung der abgehobenen Zunft gerade recht. In die Karten spielt, dass das Bieterverfahren noch nicht abgeschlossen, das Fell des Bären noch nicht final verteilt ist. Solange bleiben die Übernahmepläne selbstverständlich unter Verschluss. Um in der Zwischenzeit die infolge der Insolvenz ohnehin vorhandene Verunsicherung der betroffenen Arbeitnehmer zu steigern, lanciert man über die Presse, dass das Personal sich auf dem üblichen Wege bewerben könne. Sicherlich ohne Hintergedanken schaltet EW vor Beendigung des Bieterverfahrens Stellenangebote für externe Kapitäne und F/O's, natürlich zu Bedingungen, die weiter unter unseren Tarifen liegen. Mich würde interessieren, ob das mit den eigenen Mitbestimmungsgremien abgestimmt ist? Der Finanzbedarf unseres Flugbetriebs gibt den zeitlichen Rahmen für die Aufteilung der Air Berlin vor. Dass die Einnahmen für die jetzt zum Schleuderpreis angebotenen Tickets nicht die Liquidität des Betriebs zugute kommen, sondern auf einem separaten Konto als Sicherheit hinterlegt werden müssen, verschärft die finanzielle Situation zusätzlich. Die Zeit drängt, denn die Aufteilung und Übernahme muss erfolgt sein, bevor das Geld ausgeht. Das wäre ein worst-case-scenario: dann wären all die umfassenden Vorbereitungen, die Abstimmung mit Politik und Etihad, die Heerscharen bezahlter Anwälte, all das wäre seitens LH vergebens gewesen. Der selbstbewusst proklamierte Gestaltungswille würde einen herben Dämpfer erfahren und LH könnte sich, so wie jeder andere Interessent auch, nur noch aus der Resterampe bedienen – jedoch ohne exklusiven Zugriff auf die Filetstücke und die begehrten Slots. Just in der heißen Phase des Bundestagswahlkampf müsste sich die Bundesregierung dem Parlament und der Öffentlichkeit gegenüber wegen des nicht zurückbezahlten Überbrückungskredits erklären. Genau aus diesem Grund muss der Flugbetrieb der Air Berlin aufrechterhalten werden – koste es, was es wolle! Aus dem selben Grund ist es den Beteiligten auch so wichtig, dass die Mitarbeiter der Air Berlin weiterhin professionell ihre Arbeit verrichten und der Flugbetrieb ohne Friktionen abläuft. Den Mitarbeitern der Air Berlin – und allen voran den Piloten – kommt deshalb in der jetzigen Phase eine bedeutendere Rolle zu, als es die äußeren Umstände vermuten lassen. Bis zum Abschluss des Bieterwettbewerbs ist aufmerksames Beobachten angesagt. Doch unmittelbar nach erfolgter Aufteilung der Air Berlin sind die Erwerber in der Pflicht, konkrete Übernahmepläne vorzulegen und mit unseren Interessenvertretern eine kollektive Übernahme des Cockpitpersonals unter Berücksichtigung unserer Tarifstandards zu verhandeln. Für den Fall, dass der oder die

Erwerber diese Pflicht nicht verspüren sollten, könnte der stabile Betrieb bei Air Berlin schneller ins Wanken kommen, als uns allen lieb sein kann. Meine Hoffnung, dass vorausschauende Manager, die die Erwartung der Bundesregierung, möglichst viele Arbeitsplätze bei Air Berlin samt den grundlegenden Tarifstrukturen (Staatssekretär Machnig) zu erhalten, respektieren, habe ich allerdings noch nicht gänzlich aufgegeben.

Schöne Grüße: Hans Albrecht

Was empfand die Belegschaft dabei?

-Vom   Management hintergangen

-Von   Etihad gegen Air Berlin Abmachungen just
on time fallengelassen

-Von   der Politik Wahlkampf-orientiert
geopfert

-Von   der LH filetiert

-Spielball   zu sein von Investoren und
Heuschrecken

-Verhöhnt   durch Floskeln sozialer Statements
von allen Seiten bis zur Realität nach
dem Interview.

-Ohne   Perspektive zu sein

-Entwürdigt „Neubewerbung auf bereits im Wet-
Lease ausgeübte Stelle" *

-Rechtlos,   Betriebsübergang „nicht
nachweisbar" **

-Ausgeliefert, da Recht den Anwälten zu gehören
scheint

* Sie fliegen für Eurowings seitens Air Berlin und sind nicht „gut" genug, direkt bei Eurowings zu fliegen (gleiches LFZ, gleiche Bemalung, gleiche Operation)

** Heerscharen von Anwälten gelingt es den Betriebsübergang zu vermeiden. Sie sind enttarifiert, haben keine Ansprüche gegen den Erwerber, Fliegen aber auf denselben Strecken mit denselben Arbeitsmitteln auf denselben Flugzeugen zu denselben Zeiten, kurz sie machen dasselbe, nur für den neuen Besitzer.

Und Arbeitsplatzschutzklagen werden für die Kläger kostspielig nach Berlin „gezogen"

Aber das ist eben eine traurige Geschichte..Schließlich gäbe es da noch so viel mehr zu erzählen.

Von den Crew Aufenthaltsräumen in siffigen Containerbüros mit Sperrmüllcouchmöbeln zum Überbrücken von Wartezeiten als Nachtpostcrew.

Von Umläufen zwischen Palma und Bremen, wo man zeitgleich in 2 Hotels eingecheckt wurde, um in Bremen die Ruhezeiten zu erfüllen.

Von Hotels in Abu Dhabi, wo man im Crown Plaza Yas Island mit Strand 10 Minuten vom Airport königlich nächtigte, welches dann aber vom Southern Sun Downtown 40 Minuten Fahrtzeit vom Flughafen, „strandfrei" preislich verdrängt wurde.

Von Kollegen die aus Nürnberg nach Stuttgart gefahren wurden während andere gleich qualifiziert mit gleichem Arbeitstagesprofil von Stuttgart nach Nürnberg gekarrt wurden.

Von Proceedings nach München, um dort 2 Strecken zu fliegen und wieder zurück zu proceeden.

Von Cabin Crews, die an der Tanke dazu verdienen müssen.

Von Flügen als Passagier nach TXL (Tegel), um dann am nächsten morgen aus dem Hotel kommend einen Flug nach Stockholm zu machen, um aus dem Hotel am nächsten Tag in

Txl früh zu enden, um als Gast nach STR zu fliegen. 3 Tage, drei Crews, 10 wechselnde Kollegen. (alles für 2 Arbeitsstunden)

Von Sehnsucht nach zu Hause und der Familie in einem immer anonymer werdenden Arbeitsumfeld

Von schlechter Schlafqualität nach 30 Jahren Wechselschichten

Von dauernder Endzeitstimmung seitens des Management angenervt.

Von tollen Sonnenuntergängen, die man zu betrachten kaum Zeit findet.

Von einem nicht zu vernachlässigenden Gesundheitsrisiko. Zählen Flugzeugbesatzungen doch zu den Arbeitnehmern mit der höchsten Strahlen-Dosis aller Berufsgruppen zuzüglich Fume-Events mit Nervenschädigungen oder gefühltem Burnout.

Von Nomadentum mit weltweiter Arbeitsplatzsuche Asien mit allen Besonderheiten an Kultur, Essen, Arbeit.

Diese Liste ließe sich noch beliebig fortsetzen und viele Leser werden sich nicht abhalten lassen und weiter zur Passagierluftfahrt als Arbeitgeber streben doch glauben Sie mir, egal wie sie es drehen und wenden:

Der Lack ist ab!

NACHWORT

Und die Moral von der Geschicht !

Im skrupellosen Poker um Milliarden -

Zählen Menschen eben nicht !

In einer Businesswelt voller Lügen, Betrügen, Heuchelei und Brutalität sehe ich mit Verwunderung die Diskussion um die Verrohung unserer Gesellschaft. Wird sie doch von Politik und Wirtschaft vorgelebt und derart erst in Gang gesetzt. Es sind dies nicht anonyme Märkte, es sind die Kapitäne unseres zivilisatorischen Narrenschiffs mit dem Namen „Gier", die das Ruder hin zu mehr Qualität von Gesellschaften im Hinblick auf Liebe, Leben, Arbeit, Familie, Auskommen, Leistung, Wertschätzung und Würde legen lassen könnten oder davon weg steuern, was sie derzeit tun. Die Börse ist dabei das Alibi, den eigenen Narzismus ausleben zu können. Welch Schmach im einen Jahr Manager des Jahres im Jahr danach 30% weniger Gas im Ballon. Erst wird gerafft, Übernahme der Air Berlin (Hardware), dann nur Teile der Mannschaft übernommen, entgegen der zuckersüßen Sozial-PR und im Folgejahr 2018 scheitert die „Rabenmutter" an Performance und Logistik!

Jetzt wird der „Esel" Pilot auf dem man auf winkeligen Pfaden zum Erfolg reiten will wohl noch mehr gedroschen.

Fundstellen zur Hintergrundinformation zur Air Berlin
Übernahme u.a.

http://www.manager-magazin.de/unternehmen/artikel/wie-lufthansa-bei-air-berlin-die-politik-austrickst-a-1165145.html

http://www.transatlantic-journal.com/2018/01/noch-nicht-alle-karten-bei-airberlin-pleite-auf-dem-tisch/

https://www.tagesspiegel.de/wirtschaft/warnstreik-air-berlin-laesst-dba-nicht-mehr-starten/1372338.html

https:/www.focus.de/fotos/carsten-spohr-r-und-alexander-dobrindt-verkehrsausschuss_id_4630996.html

„Himmel und Hölle"

„ Untergang"

Wenn „Krähen" unterwegs sind braucht es einen
Fallschirm

Manchmal braucht es 51900 Worte für die
„Wahrheit"
eines Bildes

- Vergleichbar dem autonomen Fahren wird das „autonome"
Fliegen etabliert.

-Aus dem 2Mann/Frau Cockpit wird ein Einzel-Arbeitsplatz
mit nur einem, telemetrisch, gesundheitsüberwachten Piloten
- Stellt sich eine Gefahr/Ausfall des Flugzeugführers heraus
übernimmt am Boden ein Center (Vgl.Drohnenpiloten) das
LFZ und führt ferngesteuert eine Sicherheitslandung am
nächstmöglichen Airport durch.
-Dabei überwacht ein derartiges Center jeweils mehrere
Luftfahrzeuge.
-Die räumliche Distanz zur gefährdeten Maschine lässt dabei
einer größeren „Coolness" der Bodencrew Raum, schließlich
geht es bei Ihnen nicht um eigenen Leib oder eigenes Leben.
Das erleichtert natürlich auch einen gewissen
Situationsfatalismus. (Denken Sie, dass Heerführer als
Beteiligte in einer Schlacht unabhängig von Ihrem
Aufenthaltsort und der persönlichen zu ertragenden
Konsequenzen immer gleich entscheiden würden?)
-Die Arbeitgeber haben aber weiterhin das „menschliche"
Versagen eines Flugzeugführers als Erklärung etwaiger
Schuldfragen an Bord!

-Die Gewerkschaften verlieren weiter an Boden wegen
mangelnder, betriebsübergreifender Solidarität und zu wenig
Visionärem Potential (Anwälte und strategische Vordenker)
-Der Mitarbeiter wird zur Wegwurfware nach dessen
Verschleiß degradiert
-Die Bezahlung wird schlechter (1/2)
-Die Arbeitslast/Druck=Produktivität werden erhöht
Das Einmanncockpit spielt dabei den Konzernen in die
Hände, verdoppelt sich doch die Arbeitnehmerschaft und
Gesetz des Marktes halbiert sich das Salär!

Das Phänomen oder Paradoxon in der Luftfahrt ist dabei, dass entgegen allen Marktgesetzen in einem garantiert boomenden Wachstumssektor der globalen Wirtschaft hoch spezialisierte und sehr gut gebildete Belegschaften es zulassen, dass sich deren Arbeitsbedingungen kontinuierlich verschlechtern! Kurzfristig nicht ersetzbare Mitarbeiter bangen um ihre Arbeitsplätze zu Zeiten von Pilotenmangel? Die Arbeitgeber bluffen gekonnt und die Gewerkschaften lassen es zu, das ganze Streikbrecher-Tochterunternehmen etabliert werden. All das unter dem wohlwollenden Blick der Politik! Mit der Zerschlagung der Air Berlin beginnt die Spirale Abwärts der Arbeitsbedingungen in der europäischen Luftfahrt, und das ohne Not nur den Aktienkursen und „Märkten" geschuldet und von skrupellosen Konzern Handlanger-Bossen umgesetzt!

Schöne Neue Arbeitswelt

Danksagung!

All den netten Kollegen, Kolleginnen, die diesen Beruf aus
Leidenschaft ausüben oder ausübten und aufrichtig und
ehrlich stets der Verantwortung bewusst aus eigener
Überzeugung handelten.
Den Kollegen, Kolleginnen, die auch für gute Gespräche zu
haben waren.
Den Checkern, die sich als Lehrer und nicht Inquisitoren
verstanden.
Den souveränen Mitstreitern ohne Profilierungssucht.
Denen, die eine Meinung hatten und diese auch vertraten.
All denen, die sich in der Karriere selber treu blieben.
Den Verlässlichen, den Warmherzigen, den Gut Gelaunten,
den Menschlichen, den Selbstkritischen und all den Anderen,
die es wert sind sich an sie zu erinnern und
der Kabine
den Kollegen und Kolleginnen ganz besonders.

Voll tiefer Wertschätzung danke ich Hans Albrecht für seinen
jahrelangen Einsatz, seine Ehrlichkeit und analytische
„Verwandtschaft" im Geiste sowie seiner Loyalität.

All den kritischen Schreibern im Forum.

Den gewissenhaften Kollegen, Kolleginnen aus
Technik, Verwaltung, Flugbetrieb und Dispatch

All denen mit lauteren Absichten!

Der verbliebene Rest?
Vergessen wir sie !!